鲁鹏程/著

3岁叛逆期 妈妈最懂我

团结出版社

图书在版编目（CIP）数据

3岁叛逆期，妈妈最懂我 / 鲁鹏程著 . -- 北京：团结出版社，2022.12
ISBN 978-7-5126-9479-8

Ⅰ . ① 3… Ⅱ . ①鲁… Ⅲ . ①幼儿教育－家庭教育
Ⅳ . ① G781

中国版本图书馆 CIP 数据核字（2022）第 108775 号

出　版：团结出版社
　　　　（北京市东城区东皇城根南街 84 号　邮编：100006）
电　话：（010）65228880　65244790（出版社）
　　　　（010）65238766　85113874　65133603（发行部）
　　　　（010）65133603（邮购）
网　址：http://www.tjpress.com
E-mail：zb65244790@vip.163.com
　　　　tjcbsfxb@163.com（发行部邮购）
经　销：全国新华书店
印　装：三河市东方印刷有限公司

开　本：170mm×240mm　16 开
印　张：14.75
字　数：191 千字
版　次：2022 年 12 月　第 1 版
印　次：2022 年 12 月　第 1 次印刷

书　号：978-7-5126-9479-8
定　价：49.00 元

孩子的成长是非常迅速的。他昨天明明不会走路，今天就放开了手，迈出了自己的第一步；妈妈还正在为孩子不会说话着急，仿佛一夜之间就能开口了，而且开口之后，进步就非常快；刚刚还在感叹孩子什么时候能长大，孩子就跟跟跄跄地学着别人的样子给我们送来了一杯水，让我们感动不已……

诸如此类的惊喜，让我们心里像吃了蜜糖一样甜。

但与此同时，孩子好像还有一些让我们不安，甚至厌烦的"坏"的变化：

一片面包，爸爸只是咬了一小口，他就立马哭了起来，他真的很"小气"；

一件东西，他说放在哪儿就必须放在哪儿，别人要是动了，就立刻倒地大哭，真让人难堪；

出门在外，让他打招呼就是不打，真是"没礼貌"；

今天和奶奶说话，他突然冒出一句脏话，大家都惊呆了，但他很得意，不顾劝阻一个劲儿地重复，把妈妈弄了一个"大红脸"。

……

当我们正在为孩子的进步感到甜蜜时，他的这些"反常"情形也令我们感到忐忑。孩子真的是小气、自私、不懂礼貌吗？还是传说中的"叛逆期"来到了？

的确，两三岁的孩子，通常会经历他人生的第一个反抗期，也就是所谓的"叛逆期"，在这个时期，他开始变得"执拗"。通常来说，孩子从1岁半开始，随着自我意识的萌发和不断加强，以及探索能力的提升，他常常按照自己的意愿行事，从而形成与父母"对着干"的表象。不过，孩子成长中出现的任何现象都是有原因的。

我们看到的叛逆，其实正是孩子成长的表现，也是我们了解孩子的契机。

对于两三岁的孩子来说，其教养方式和儿童期、青春期孩子的教养方式还是不一样的。两三岁的孩子想要什么，想做什么，大多是其天性使然，是他在学习、探索这个世界。所以，他要摸什么、拿什么、品尝什么、感受什么……只要保证安全，都可以让他尽情去做。如果是他要玩，我们也不要太过限定他必须要玩什么玩具或什么游戏，因为孩子已经具备了自己去寻找乐趣的能力。

当然，这是对3岁前的孩子说的。随着孩子年龄的增长，该限定的还是要限定，该纠正的还是要纠正，人是不会"树大自然直"的，也不要太过崇尚所谓的"给孩子自由（因为自由是有边界的，不是无限的）""无条件地接纳孩子（无条件的爱，并不是无条件地接纳）"……不然，到时候孩子的表现是会让人手足无措的。

那么面对两三岁孩子出现的第一个叛逆期，我们到底应该怎样应对呢？总体的原则是，既不能过多限制，也不能一味满足。因为过多限制或与孩子以硬碰硬"较劲"会让孩子的独立意识与自尊心受到打击，而一味满足则容易导致孩子以后变得任性妄为。所以，对孩子要有爱、理解与适度的顺应，也要有引导和管教。

再具体一点来说，需要明白这几点：3岁左右，孩子会迎来第一个叛逆期；发现孩子每一种叛逆行为背后的成长动因；叛逆不是孩子的错，父母的养育方式是关键；妈妈无条件的爱，让孩子接纳叛逆期的自己；给足孩子安全感，让他的叛逆情绪得以缓解；用稳定平和的情绪化解孩子的叛逆心理；守规则是孩子的天性，巧用规则规范他的叛逆行为；和孩子一起玩，陪伴孩子顺利度过叛逆期。这也是本书的主要内容。

另外，需要注意的是，所谓"3岁叛逆期"中的"3岁"，这只是一个概数，大多数孩子会在3岁左右出现第一个叛逆期，有的孩子出现得早，有的孩子出现得晚，有的孩子的叛逆行为没那么明显。不管孩子是哪种情况，只要我们从根本上了解"叛逆期"出现的原因及其表现，就会最懂孩子，就不会那么焦虑。

希望通过阅读本书内容，妈妈们能更清楚地了解自己的孩子，更大程度地读懂孩子，防止自己因为误解孩子而做出错误的判断和错误的行为。希望通过本书的帮助，每个孩子的天性都能得到更好的释放，当然，每一个错误也都能得到正确而及时的修正。

让我们为孩子的健康成长而努力！祝福您成为最懂孩子的妈妈！

鲁鹏程

2022年6月

目 录
Contents

第一章　3 岁左右孩子，会迎来第一个叛逆期 / 1

　　大多数孩子在两岁之后，便进入了人生第一个反抗期，即人们都非常熟知的"叛逆期"。但事实上，所谓的"叛逆期"，是从成年人角度出发的一种感觉式定义，是我们感觉孩子对我们的教育有"对抗"的举动，认为他变得不像小时候那么"听话"了，所以就认为孩子开始"叛逆"了。事实上，虽然处在叛逆期的孩子会让人头疼，但这也是他发育成长中必不可少的一个特殊阶段。而经历叛逆期后，孩子大多会实现跨越式的成长。

第二章　发现孩子每一种叛逆行为背后的成长动因 / 31

　　吃饭、睡觉、好好走路、好好说话，这些原本生活中很正常的事情，3岁的孩子却很有"本事"将其变得难以执行。这个时候的孩子总是会很"自然而然"地做出一些反常行为，很多妈妈对此都头疼不已。其实，这一点"小叛逆"是这一时期孩子的一大特点，关键是我们要善于发现孩子每一种叛逆行为背后的成长动因。只有明白了背后的动因，才能合理地应对。

第三章　叛逆不是孩子的错，父母的养育方式是关键 / 71

　　处于第一个叛逆期的孩子年龄尚小，多说也听不懂，道理也听不进，很多时候令妈妈们感到束手无策。但是，也并非没有解决之道。如果我们能采取正确的养育方式，跟上孩子成长的脚步，孩子自然会变得越来越懂事。换句话说，"叛逆"不是孩子的错，是孩子有独立意识的表现。

而大多数时候孩子叛逆的表现，与父母的养育方式息息相关，父母要作出改变，才能跟孩子一起成长。

第四章　妈妈无条件的爱，让孩子接纳叛逆期的自己／

孩子的成长既是自然而然的，也是突飞猛进的。在这个过程中，他需要妈妈无条件的爱。要注意的是，这种无条件的爱不是溺爱，是对孩子个性的无私包容。妈妈无条件地接纳孩子本身（而不是无条件地接纳孩子的行为），孩子才可以接纳叛逆期的自己。还有，无条件地爱孩子，才能让孩子的"叛逆期"变为成长期，而不是问题期。所以，千万不要跟孩子对立，因为这是最不利于孩子成长的教养方式，而是要用温和的语言、规则与约定帮孩子规范自己的行为。

第五章　给足孩子安全感，让他的叛逆情绪得以缓解 / 115

不管多高的建筑，都需要有地基才能建得稳固，同样道理，人的成长也需要有根基，根基稳固才能让幸福发芽，而这个根基就是安全感。幸福都是建立在安全感之上的，如果连最起码的安全保障都不存在，那么又哪里来的闲情逸致去经营幸福呢？所以，我们要给足孩子安全感，从而让孩子的"叛逆"情绪与行为得以缓解。

第六章　用稳定平和的情绪化解孩子的叛逆心理 / 143

孩子健康快乐地成长，是所有妈妈都希望的。可希望和现实有时候是相悖的，因为很多妈妈总是有着极其不稳定的情绪，轻易地会出现情绪变动，也会影响自身的健康、家庭的和睦，更会影响孩子的快乐成长。也就是说，妈妈的糟糕情绪不仅让自己深受其害，还会拉开和孩子的距离，加剧他的叛逆心理。所以，只有我们拥有稳定平和的情绪，自身和家庭才会更和谐，孩子才可能变得身心愉悦，从而不再有叛逆情绪和行为。也就是说，妈妈平和的心态是孩子健康成长的根基。

第七章　守规则是孩子的天性，巧用规则规范他的叛逆行为／163

人生在世，必然要遵守规则，有规矩方能成方圆，这是自古便有的至理真言。孩子也需要遵守规则，庆幸的是，他并不如我们所想的那样会对规则无视，相反的，遵守规则是他的天性，所以只要顺应他的天性，就能培养出遵守规则的好孩子。而且，我们要巧用规则去规范孩子的叛逆行为。还要记得一点，规则面前，人人平等，我们作为父母也不例外。

第八章　和孩子一起玩，陪伴他顺利度过叛逆期／187

身为妈妈，一定要抽出时间和精力陪孩子一起玩儿，可以跟他一起玩游戏，因为对孩子来说，玩儿就是学，在玩儿中学，在学中玩儿。会玩儿的孩子才会更独立，更乐观。但要注意的是，陪伴孩子一定是高质量的，而不是让电视、电子产品成为孩子的玩伴，否则就是父母失职。

只有真心陪孩子一起玩儿，才能走进孩子的内心，才能跟孩子一起成长。

永远记得，在陪伴孩子的过程中让自己成长，是孩子送给父母的礼物。

第一章

3 岁左右孩子，会迎来
第一个叛逆期

　　大多数孩子在两岁之后，便进入了人生第一个反抗期，即人们都非常熟知的"叛逆期"。但事实上，所谓的"叛逆期"，是从成年人角度出发的一种感觉式定义，是我们感觉孩子对我们的教育有"对抗"的举动，认为他变得不像小时候那么"听话"了，所以就认为孩子开始"叛逆"了。事实上，虽然处在叛逆期的孩子会让人头疼，但这也是他发育成长中必不可少的一个特殊阶段。而经历叛逆期后，孩子大多会实现跨越式的成长。

"3岁看大"蕴藏着孩子成长的大秘密

中国有句古话，叫"3岁看大，7岁看老"，意思是说，从一个孩子小时候的表现，就可以知道他长大后会是一个怎样的人。这句话绝不是空谈，而是千百年来的智慧总结。

意大利著名教育家蒙台梭利也曾说："人生的头三年，胜过以后发展的各个阶段，胜过3岁直到死亡的总和。"蒙台梭利所表达的意思，换句话说，就是我们所熟知的"3岁看大"。

如今，科学研究也表明，在孩子成长的过程中，3岁前的生长发育会影响其一生的发展变化；3岁左右的状态，往往就能反映他未来成长的状态。

伦敦精神病学研究所教授卡斯比进行了一项研究。1980年，他与伦敦国王学院的精神病学家一起，对1000名3岁的孩子进行了面试，并根据结果将其分为充满自信、良好适应、沉默寡言、自我约束及坐立不安五大类。

等到2003年，这些孩子26岁时，卡斯比等精神学家再次约谈了他们，并对他们的朋友和亲人都进行了详细的调查，整理出来的调查结果显示，每一个类别的孩子，其成年后的表现一如当初卡斯比对他们的分类，其成年后的性格和3岁时的面试结果几乎一致。最终，卡斯比得出结论，3岁孩子的言行，可以预示他们成年后的性格。

有了真实的实验数据作依据，我们想必也会对"3岁看大"的科学性更为笃定。可是，有一件事却需要我们弄清楚，"3岁看大"这个结论到底有着怎样的秘密。

"3岁看大"并不是单纯把孩子3岁时所表现出来的状态作为一个结果来看待。要想在3岁这个年龄看出孩子到底怎样，其实就意味着在孩子出生后的三年时间里，看他是怎样一天一天成长起来的，看他是怎样一点一点累积起来的。也就是说，看的是他的一个综合表现。

由此可见，要说孩子"3岁看大"，再说得仔细一点，孩子是"前三年看大"，不仅是看孩子的表现，更是看我们有没有以认真的态度对待他的成长。

每个孩子刚出生时，尽管可能会存在天生的性格差异，但这个时候的差异都并不那么明显，关键就看在未来的三年时间里，我们都是如何进行引导教育的。如果引导得好，孩子在各方面都得到了发展的机会，自然也就具备探索精神，能表现得开朗大方，也会具备一个良好的性格；相反的，如果引导得不好，孩子就会在这三年时间，长成我们不希望看到的各种样子，令我们头疼不已。

显然，我们说孩子"3岁看大"，并不能只将在他3岁的表现说成是他自己造成的，实际上，他的表现无不与我们的教育有着密切的关联。

3岁前，是孩子脑发育的关键时期，这时的孩子有着强大的学习能力，这是因为孩子自出生到3岁这段时间里，他的视觉、听觉、触觉等不断地接收大量的信号刺激，脑神经细胞之间也在迅速地建立联系，这就会让他的学习成果与日俱增。

而且有关研究也表明，3岁以后，孩子的大脑不管是在复杂性还是丰富性方面，都已经基本定型，大脑的结构也已经基本成型。虽然孩子的大脑发育并没有停止，但就如一部手机的出厂设定一般，基本的构成已经完成了，剩下的就是往里面填装更多其他的东西了。

但是，恰恰就是在具备如此重要发展的前三年，很多人却忽略了对孩子的教育，因为3岁以前的孩子，话语表达不那么清晰，知道的东西更是少之又少，除了模仿学习，几乎没有什么更多的想法，这时的孩子在很多人看来是很容易"读懂"的，所以也就不去过多关心他到底有怎样的发展。在这个时间段里，很多人都只关心孩子是不是吃得好、玩得好，长没长个子，和别的孩子在发育方面有什么差异。这部分内容，是这个阶段妈妈最关心的问题。

虽然很多妈妈也会让孩子去早教中心上课，但很多却流于形式；还有一些妈妈会自己给孩子进行一些教育，但孩子接受的却是各种超前教育，在小小年纪就被要求认生字、学算术、学英语，原本小学才开始学的知识内容，都被过早地投入到了3岁孩子的教育中。可也正因为是超前的，才导致了孩子原本的成长规律被打乱，变成了"揠苗助长"。

而在这个过程中，一些比较重要的德行素养教育却被忽略了，结果，在这重要的三年时间里，孩子因为各种不当的教育而出现了种种毛病。可对于出现在他身上的不良表现，我们却要么认为他还小，便不过多指责调教，要么就是随便使用了什么错误的方法，孩子的性格就在这样的教育环境下慢慢成型。

到了这个时候，再经历"3岁看大"，我们以为孩子的未来不会好，可是归根结底，还不是因为我们自己忽略了孩子成长的规律，才导致了他现在的表现吗？

所以，妈妈们一定要重视孩子成长前三年的婴幼儿时期，真正把握"3岁看大"的内涵，那具体应该怎样做呢？首先，需要注意以下几个成长规律：

第一，性格。

从出生到3岁这段时间，孩子的性格会逐渐定型，而3岁之后性格方面将不会有太大变化，所以我们要抓住这段时间，通过良好的引导和教育来让孩子具备良好的性格。

第二，智商。

就如前面所提到的，孩子的脑细胞组织在3岁前就会发育完成60%，在这个时期，孩子的大脑有很强的吸收能力，只要给予充分的刺激，孩子的智力水平就会得到充分的发展，为孩子之后的学习打下良好的基础。

第三，学习。

3岁之前，孩子在感觉、记忆、思维等方面都会表现得非常敏感，所以这时期孩子的学习欲望会相当强烈，在这个阶段，妈妈们要提供给孩子丰富的学习素材，让孩子能自由地吸收新的知识，自由地去构建自己的"知识王国"。这个时候的努力，其效果也将事半功倍。

总之，"3岁看大"并不是只看孩子3岁这个点，只有关注了孩子前三年的正常成长规律，只有尊重规律的发展，利用规律去引导和教育孩子，才能让我们透过眼前的3岁孩童，预见到他良好的未来。

孩子两三岁，你一定要了解的"执拗"
——叛逆期来了

两三岁的孩子，通常会经历他人生的第一个反抗期，也就是所谓的

"叛逆期"，在这个时期，他开始变得"执拗"。通常来说，孩子从两岁开始，随着自我意识的萌发和不断加强，以及探索能力的提升，他常常按照自己的意愿行事，从而形成与父母"对着干"的表象。

在这里，简要说一下孩子可能会经历的3个叛逆期。

第一个叛逆期大概在两岁左右开始，在3岁左右达到高峰，一般被称为"宝宝叛逆期"；第二个叛逆期发生在6岁左右，可能会持续到9岁左右，一般被称为"儿童叛逆期"；第三个叛逆期从十二三岁开始，可能会持续到十七八岁，一般被称为"青春叛逆期"。孩子在不同的叛逆期，会有不同的个性发展和心理发育特点，需要父母以不同的方法去应对。

但是，并不是所有的孩子都会经历叛逆期。如果父母能掌握更多的育儿知识，更懂得孩子各个阶段的表现，并能及时调整自己的育儿策略，与孩子相处得好，叛逆期可能并不会"如期""如约"到来。所以，如果你的孩子没有出现所谓的"叛逆期"，也千万不要焦虑，这也是正常的。

现在说回孩子的第一个叛逆期。

事实上，孩子从两岁开始，对周围事物的探索便进入了物质功能探索时期，他会渐渐地开始探索各种事物与自己之间的关系，简单来说，就是探索自己能用那些物品做什么，那些物品会对自己产生怎样的影响，也就是探索物质与人的关系。

两岁以后，孩子的情绪状况也会越来越复杂，随着探索范围的扩大，他也会希望并要求做到、实现更多的事情，但是他目前的能力并不足以让他做好更多的事，他要实现的理想和实际的现实之间总是有距离，可是他却并不能完全理解这一现状。

当现实的结果与他的预想发生冲突时，他就会觉得很不适应。孩子原本以为自己的设想才是万能的，但理想与现实的差距却是实际存在的。可是，孩子内心却还想着一定要实现那个他所预期的结果，所以他会坚持做他想要做的事情。这种坚持的冲动和为了实现自我而表现出来的执着，就可以简单归结为执拗。

比如，孩子会想要把鸡蛋按照他想象的样子摞起来，让鸡蛋们变成一个被摞高的"鸡蛋塔"，可圆滚的鸡蛋当然会"不听话"，怎么说也不可能在没有外力的帮助下一个摞一个地如叠罗汉一般被叠起来。但孩子不会那么容易就放弃，可是几次尝试之后，他会发现让鸡蛋都像积木那样摞起来是不可能的，这个事实就与他理想中的状态发生冲突了，特别是当他尝试了多次都是以失败告终时，这会给他带来严重的挫败感。

所以如果家里有两岁多的孩子，我们可能经常会听见他突如其来的哭闹声，而且越接近3岁，这种情况发生得越频繁。不仅如此，有时候即便是我们要求他做的事情，或者要求他不要做的事情，他也会因为自己的"主意"而变得难以被劝说，会很顽固地自我设定一些"要求"，并用近似于偏执的"自我实现"方式来试图让理想与现实达成一致。

这时候的孩子变成了一个强硬的完美主义者，任何与自己的理想不相符的现实，都能很轻易地触动他的神经。其实这都是因为孩子缺少对事物的正确认知，实践的经验少，但却又坚守一定的秩序感而导致的。因为经验少，孩子会缺少可供比较的对象，他的头脑中只有自己所经历过的极少的几件事，而且多半还都是很顺利的事情，一旦现实中出现了与他之前的经验不相符的情况，他会产生疑惑，会有不相信的想法，如果屡次尝试都不能如愿，难以接受和难以应对的那种难过感觉也就应"景"而生了。

不过，随着成长，他做事的经历会丰富起来，经验也会越来越多，他会慢慢地发现事情的发展会是多种情况的，也会发现很多事情都是有其自身规律的，这时他就能很熟练地利用更多的经验来判断自己当下的行为是不是合适了，就算是失败，他也能根据经验来找原因，到那时也就不会再出现如此"执拗"的情形了。

也就是说，两三岁的孩子，虽然伴随着探索能力的提升各方面有了很大的进步，可是这些经验并不足以帮他应对外界的种种情况，这种"不上不下"的状态，让他不自觉地就变得"执拗"起来。

> 一位妈妈抱着两岁多的孩子进电梯，刚要按下按钮，孩子要求自己按，妈妈只得顺从地抱着他去按楼层，但孩子却不断要求要像妈妈一样站在电梯地板上去按，要像妈妈那样很从容地站好了再按。

> 可孩子的身高不够，站在地上明显够不到，妈妈并没有同意他的意见，只是给他讲起了原因。但孩子挣扎着，非要到地板上，妈妈索性放下他，指着够不到的电梯按钮又讲起了道理，她以为孩子听进去了，但刚把孩子抱起来，他又不乐意了，他并不喜欢这种身体悬空的样子，还是很执拗地要求自己一定要站在地板上。

> 妈妈便不停地劝说孩子让他接受自己够不到这个事实，让他自己去按按看，以期用现实情况来让他自己意识到他的要求是不可能实现的。孩子并不想放弃，跳着脚不依不饶地坚持要自己按按钮。

> 他自己尝试去按，发现自己真的按不到就开始大哭起来。妈妈想要把他抱起来缓解他的焦虑，他却哭得更厉害了。最终，妈妈也感到疲惫了，把孩子放了下来，自己按下了楼层按钮，于是电梯里响起了孩子更响亮的哭声。

通常这样的经历妈妈们都有过，其实，孩子所经历的这个很不讲理的阶段，就是"执拗敏感期"，这种不讲理的状态也会一直持续到3岁半以后。随着孩子认知能力的提升，执拗期也会慢慢消失，曾经那个乖巧的小可爱又会回到妈妈身边。这样的经历说不上美妙，甚至会让妈妈们感到烦躁，但不得不说的是，这样的经历并不是坏事，正是因为有了这些不断碰壁的经历，孩子才会慢慢明白事物与事物之间的关系，明白自己和周围事物的关系，并能逐渐理解哪些情况是自己可以改变的，哪些是人力不可违抗的事情。过程虽然艰难，但这是他必须经历的阶段，我们也只能顺势引导，耐心应对。

处在执拗期的孩子还有个特点，对于他认定的某些物品，他会期待其能一直保留原样，如果被破坏了，他的痛苦也是不言而喻的。

比如，家里用某种原料做了一道非常"完整"的菜，这盘菜的样子很好看，孩子可能会一眼就喜欢上。可他却会因为自己喜欢而拒绝让家人碰这道菜，但要吃饭就不得不把菜弄"碎"，这个结果会让孩子感到难过；又比如一块美味的圆形饼干，妈妈们也许不理解为什么孩子对形状的完整那么"苛求"，任何破碎的、形状不完美的饼干，孩子就会认为是坏的，并拒绝吃掉。

这其实也没什么，这个烦恼也是孩子必须要经历的，一段时间磨炼之后，他总会慢慢分清并适应物品的性质，也就会明白哪些物品是可以保持完整的，而哪些物品是注定要被弄碎的。可以说，这也是孩子对事物与人的彼此关系认知的一个开始。

说了这么多，当孩子处在执拗敏感期时，我们首先要做的就是对他的行为持理解态度，知道他处在执拗的阶段，给他成长的时间，让他有机会亲自去认识这个真实的世界，并接纳一些他原本不接受的现状，等待时间的洗礼，提升他的认知水平。

虽然有些事情，像是两岁的孩子非要站在地上去按电梯按钮这件事，不管我们给他搬凳子加以辅助，还是告诉孩子他还不够高、够不到，都是不可行的，孩子是不会接受这样的解释的，那倒不如干脆做个好的倾听者，安静地等他倾诉完，不要替他做决定，然后平静地向他阐述"他不够高"这个事实，再告诉他我们对这件事也没有办法，所以他需要好好吃饭、早早睡觉长得高一点，长高了就可以解决这个问题。第一次他可能会因为不理解而大哭，但是时间久了，他会认识到事情的现状，并做出有利于自己的心理调适。

也就是说，不能只凭自己的想象就去帮助孩子，因为那很可能不是他所需要的，执拗期的孩子更执着于自己的认知，任何替代的解决问题的方法都会引发他更多的焦虑和愤怒。

不要因为孩子不接受我们的帮助就生气，这时的孩子全身心地投入了探索和研究中，他像个冒险家一样对这个世界充满了热情，有很强的探索欲望。与此同时，他在探索的过程中也会有很多的疑问和期待解决的问题，但是我们要相信孩子的能力，他会在和人、和事物接触的过程中总结经验和教训，最后找到一个和世界平衡相处的办法，这就是成长的过程。

此时，我们要以引导为主，并陪伴在孩子身边，当他向我们求助的时候，及时地提供我们的帮助。这样做可以缓解孩子的焦虑，让孩子更顺利地度过这个执拗的时期。

叛逆期的孩子就是"不听话"，这是他成长的表现

听话，是绝大多数妈妈对孩子说得最多的两个字。不管我们对孩子提了怎样的条件，要求他必须做到什么事情，也不管那件事他是不是愿意做，只要"听话"，按照我们的要求好好表现了，孩子就会获得我们的肯定，我们也会感到很"欣慰"。

这种欣慰会让我们感到很满足，会想要孩子表现得更"听话"。同

时，我们似乎一直都颇为"自我感觉良好"，因为孩子对我们有很强烈的依赖感。孩子刚出生时不会说话、不会走路，只能哭闹，那时的他对我们是全身心的依赖，这种依赖感也会带给我们一种责任感，所以我们也会更愿意全身心地付出。

而这种付出，却可能会带出一种偏执，那就是我们会更加希望孩子能一直依赖我们，希望他会一直那么听话，不会反抗，对我们说出来的任何"指示"都能言听计从。"被顺从"是一种很舒服的感觉，孩子在他生命的前几年，本来就什么都不懂，本来就是需要不断学习的时候，所以在我们的感觉里，孩子只有好好地听我们的话，才能保证顺利成长。

可孩子是在不断地成长变化的，他总会长大，产生自己的意识，倒不如说，以前是他能力不足，没法明确表达自己太多的个人意志，可随着他逐渐长大，他的自我意识慢慢完善起来，想要表达自我、展示自我，以及想要控制的欲望也就越来越强烈了。

而且，孩子的这个发展过程非常快，就好像昨天他还对我们"言听计从"，今天却发现他已经很熟练地在运用说"不"的权利了。

马上要吃饭了，一岁半的孩子还在摆弄着如套娃一般的玩具，大的套小的，一个又一个，孩子玩得很认真。

妈妈喊孩子吃饭，孩子却说："不吃。"

妈妈无奈地笑笑，过来哄道："吃完饭接着玩，听话。"

"不吃。"孩子还是说着两个字，继续手里的动作。

妈妈连哄带劝好久，可孩子还是无动于衷，嘴里的"不"说得更勤了。

妈妈终于有些生气了，一把拽起孩子说："怎么这么不听话？让你吃饭你还不，不吃想饿死吗？"

"不吃！不饿死！不听话！"孩子也开始反抗了，扭动着小小的身体，最后看挣脱不开，干脆哭了起来。

　　如此一来，妈妈也更加烦躁了……

　　孩子开始说"不"了，就意味着他对我们的"反抗"，这种被反抗的感觉令人感觉不愉快。原本一直习惯于孩子顺从的我们，忽然变得不能掌控孩子了，而且这种不能掌控的感觉还会随着时间"愈演愈烈"，孩子会在更多的地方起反抗之心，有反抗之行，这在很多妈妈看来是不能容忍的。对妈妈来说，这种感觉不仅烦躁还会略有些难过。

　　本来那样柔顺地跟在我们身边的孩子突然变得不再听话，不管我们是严厉的还是温柔的，即便是好意，他也会毫不犹豫地反抗，而且没有什么特别明确的原因。在那一刹那，很多妈妈会有一种"眼看着原本很温顺的孩子一点点与自己疏远"的感觉，这感觉当然会很难受。于是为了维护自己的权威，或者说为了不让孩子那么快地"离开"自己，我们往往都会选择用"听话"这样的说辞来试图拉回孩子，甚至不惜用高压威逼，哪怕是严厉管教，也要将孩子这种对立的冲动压制下去。就好像孩子如果听话了，就能证明他和我们还是紧密相连的。

　　此时，我们不如先冷静下来，要意识到孩子的"不听话"不是不可被接纳的不良表现，相反的，这其实也是一件好事，因为这意味着孩子的成长。

　　随着对身体的掌控越来越熟练，以及思维的不断发展，孩子开始将自己与他人区分开，建立起自我意识，逐渐走向独立。而这一切，都是孩子建立自身责任感的必要基础，当他能认清"我是谁""我能做什么"的时候，就意味着他的自我意识越来越强烈了，而这个时间大约是在孩子两岁时，这时的孩子刚好就进入了"执拗敏感期"。

　　执拗的孩子非常不好对付，只要遇到他很执着的事情，任何人都不可能那么容易地让他改变想法，若是强硬地要求他做什么，就更是难上加难，而且这个时候的孩子已经发觉了说"不"的效果，这种反抗带给他全新的体验，让他也体会到了一种掌控感，一种自己很有力量的感受，所以孩子才会频繁地说"不"。

很多时候，妈妈们会认为这个"不"字代表了孩子的不满，意味着孩子在和我们闹情绪。事实上，说出"不"字，是孩子在将那些不喜欢的事物从自己身旁驱离，这其实也是他在练习使用自己的选择权，同时也是他启动的一种自我保护机制。

这时的孩子虽然说"不"的次数增多了，可是也依然是处在对自己能力的探索阶段，他也在尝试到底自己能掌控多少事情。一旦我们因为不了解情况直接阻碍了他的探索，就会给他带来很大的烦恼。因为年纪很小的孩子并不会控制自己的情绪，被阻碍的难过和烦躁感会促使他发脾气。这时，妈妈的不理解变成了一种阻力，会让他的探索之路变得更加不顺畅。

意识到这一点之后，我们就不要总和这个时期的孩子较劲了，他说"不"，没必要非要和他较真，不要用强硬的方式让他理解我们才是正确的，这个阶段，他们是在探索真理和对错的过程中，"真相"需要他们亲自去揭开才更有意义。

所以，我们应该接纳孩子的成长，接纳他正在慢慢变得独立这个事实。如果他说"不"，并没有影响大局，没有违背道德原则，也不会出现安全问题，那就随他去探索就好。与其与他对着干，倒不如顺着他当时在做的事情和他好好商量一下，没准儿孩子会接受。

当然，有时候我们还是不能避免地会点燃他的情绪，如果"油盐不进"，那就干脆让他发泄一下好了，不过我们可要在这个过程中保持冷静，同时也可以适时地向他表现出理解来，理解他的情绪，这也有助于他恢复平静。

孩子的"怒火"是从哪里来的

先来看一位妈妈的讲述：

> 孩子总是在一些莫名其妙的时候哭闹起来，一次两次还好，次数多了真是让我也摸不着头脑。

> 那天，他想喝酸奶，给他拿来了，刚想帮他把吸管扎上，他立刻就爆发了，那意思明摆着要自己来。可是把酸奶盒子递给他，他自己又没有那么好的准头把吸管扎到准确的位置上，结果他就哭闹起来了。

> 我看他那么难过，就从他手里拿过酸奶盒子来给他扎好吸管，可他又不乐意了，一下子又把吸管拔出来，想要自己继续来，可拔出来的吸管带出了酸奶，弄得手上、衣服上都是，看到满身都是酸奶，他又沮丧地哭起来。

> 总之，这一次喝酸奶的经历，让我们都感觉超级郁闷。他哭闹了半天，我哄了半天，最后浪费了两罐酸奶，直到他被别的事情转移了注意力，这件事才算过去。

在和孩子相处的过程中，我们最怕的一件事就是孩子的哭闹，尤其是不知道什么原因他就开始生气，然后烦躁地哭闹起来，很多时候真是像这位妈妈所讲述的一样，哄都哄不好。很多妈妈为此头疼不已，一再找不到原因，最终就会将问题都归结到了孩子身上，认为是他脾气不好，是他太过骄纵不服管教。

但这种结论可是着实冤枉了孩子，因为一般来说，除非是饿了、困了、病了，孩子并不会无缘无故地发火，他的大部分精力都要用在探索和学习中，只要没人打扰，他会很乐于自己去努力，显然如果不是真的遇到难过的事，相信孩子也是不愿意浪费精力在哭闹上面的。

既然如此，我们就应该好好思考一下孩子愤怒这件事了，他的那一腔看似很难被扑灭的"怒火"到底来自何处呢？

大约从4个月时起，孩子就会显露出不满的情绪了，当他想要吃奶、睡觉的愿望无法立刻被满足时，他就会用哭闹来表达自己的需求。而随着成长，这种情绪出现得也会越来越自然，频率也会有所提升。

等到8—12个月的时候，婴儿大脑发育进入了一个全新的阶段，他对周围事物有了记忆，也就是可以通过过去的记忆来和现在进行比较了，当他发现自己没有获得过去那种能让自己感到快乐的满足时，他就会产生不满。比如，没有及时吃到好吃的奶水，好玩的玩具被人拿走了，妈妈从身边走开了，等等，这些情况都会导致孩子产生情绪反应。

不过不要太过担心，因为孩子的坏情绪并不是坏事。作为人来讲，当我们的生存环境受到威胁时，就会引发从生理到心理的激烈情绪反应，这是一种自我保护的本能反应。所以我们不要急着消除他的负面情绪。否则，如果强行压制孩子，不让他将这种情绪发泄出来，会让他变得更为难过和烦躁。

而且，孩子的负面情绪都不是没来由的，一定会有原因，所以我们关注的重点也不应该是孩子愤怒的表现，而是要看看孩子发脾气背后的真实原因，从而找到解决方法来让他恢复平静。

一般来说，可以引发孩子产生愤怒情绪的因素有以下几点：

第一，恐惧所致。

之所以愤怒是因为恐惧，之所以恐惧则是因为对未知事物的难以预料感。孩子对未知或对自己所不能掌控的状况都会感到恐惧，害怕没有见过的东西，害怕没有听过的声音，害怕不熟悉的人……这些恐惧都会转化为负面情绪，并最终得到宣泄。

其实我们也经常看到这样的场景，有的孩子怕生，一见到生人就会哭闹起来，这其实就是他对不熟悉的人的一种恐惧和抗拒心理，他借由哭闹来宣泄自己的这种掺杂着"我不喜欢""我害怕面对陌生人""我感觉很不安全"等各种情绪。

第二，需求未被满足。

孩子有各种各样的需求，随着成长，其需求也会越来越多。而需求不能被满足，则是最能引发孩子愤怒的主要原因，也就是他愤怒的最常见来源。

比如，孩子想要玩某样东西，但是爸爸妈妈出于安全或健康考虑，没有满足他的这个需求，这时孩子就会感到非常愤怒。因为他的期待与现实出现了巨大的反差，而这种情况可能是他之前没遇到过的，或者是他不能通过自己的力量改变的，这种无力感很容易会引发他的怒火，此时，哭闹就是他发泄的最好方式。

第三，挫败羞辱。

孩子的能力随着成长越来越强，当他有能力做一些事情时，会感到很开心，假如再能学着爸爸妈妈的样子做点事情，那他会更有成就感。但是，小孩子的能力毕竟有限，特别是这个时候他已经具备了自我比较能力，当他发现自己无法做到想象中的事情，或者不能实现爸爸妈妈的期待时，他会觉得很难过，挫败感很容易涌上心头，而随之而来的还会有羞辱感，如果这些负面感受没有被及时疏导，孩子很容易变成"喷火龙"，怒气就会喷发出来。

第四，受到伤害。

孩子越大越会渴望朋友，两三岁的孩子已经知道和自己同龄的孩子在一起玩耍是一种很快乐的体验。不过，这种快乐不是永远存在的，孩子们在一起也会因为某些原因发生争吵，彼此有输也有赢，赢了还好说，一旦输了，有的孩子会感觉自己受了欺负，有的孩子也会体会到一种挫败感，显然不管哪一种感受都会让孩子体会到情绪失控的"威力"。

第五，父母的原因。

另外，父母的某些举动，也会成为孩子"失控"的导火索。比如，误解了孩子的需求，没有回应孩子的希望，过分严格要求孩子，只顾着顺从自己的意愿强迫孩子，等等，孩子只要感觉我们没有表现出他所希望的样子，就会很自然地产生愤怒的情绪。

了解了孩子情绪失控的原因之后，对于他的愤怒，我们多少也就能有一定的心理准备了，也就能提前预知哪种情况会导致孩子情绪失控。这样的话，我们顺从他的正当需求，不强迫他做不喜欢的事情，用合适的语言进行开导，这些都能帮助孩子免于被怒气侵扰。

同时，孩子也要为自己的情绪负责，我们可以帮助他认识自己的负面情绪。尤其是有些孩子不能很好地处理愤怒的情绪，让自己的坏情绪过分影响到了自己和身边人，这时我们要引导孩子采用合适的方式去宣泄，不要让他因为盲目发泄而使自己或他人受到更多的伤害。

引导孩子学会接纳自己的"坏情绪"

人们形容天气的时候，会说"六月的天，娃娃的脸"，意思是天气多变的样子就好像是孩子多变的心情，时而热情高涨，时而沮丧哭泣。情绪好的时候，孩子欢笑的样子让人觉得他可爱无比；可情绪一旦变坏，他的哭闹本事便立刻显现出来。

事实上，孩子之所以会因为坏情绪而哭闹，也是因为他对这种情绪有一种不知所措的感觉，他不知道该怎样与负面的情绪相处，面对坏情绪时难免会不知所措。而为了摆脱不快，他能采用的方式似乎只有哭闹。显而易见，我们要制止哭闹，就需要从坏情绪这个根本原因着手，教孩子学会如何与负面情绪相处，并"化敌为友"转化负面情绪。如果我们能从这样的方向去引导孩子，孩子就不会受到负面情绪的伤害。

说到情绪，就要提到一个词"情商"。所谓情商，其定义包含五个方面，分别是了解自己的情绪、管理自己的情绪、运用情绪产生做事情的动力、认识并理解他人的情绪、把握人际关系。情商高的人，对自己的情绪有很好的掌控能力，并且特别擅长处理自己的"坏情绪"，他可以不受坏情绪的干扰，并不受其控制，依然能保持自己的内心清明，以做更多的事，并将事情逐一做好。即便一时因为坏情绪扰乱了思想，但他还是能在最短时间内进行调节，以最快的速度恢复如常。

孩子从出生时起就已经具备了情绪体验与反应，只不过当时他应对各种情绪的机制是不成熟的，是需要时间来磨炼的。总体来说，孩子情绪的发展具备这样的特点，孩子所有情绪的发展都与其认知有关，认知增加，能力增加，孩子的智慧越发成熟，其情绪的发展也会到达越深的程度，而且也会越复杂。同样道理，随着情绪发展的不断成熟，其智力发育也会越来越发达。对于成年人来说，孩子某些时候闹情绪可能是不可理喻的，不过这种情况并非一成不变，如果引导得法，孩子也将学会自我调节，自然也会在未来具备良好的"情商"，不会为坏情绪所困扰。

不过，对于孩子的坏情绪，真要应对起来还真不是一件简单的事。

有位妈妈买了小蛋糕，一边吃一边喂两岁多的孩子。

　　看到妈妈用随蛋糕附送的小勺子吃蛋糕，孩子感觉很有意思，于是要求也拿一个。妈妈把勺子给了孩子，孩子学着样子去戳蛋糕，但他明显还没有掌握勺子的使用方法，所以把蛋糕戳得一团乱。

　　孩子把勺子边上粘的蛋糕渣放进嘴里，不仅放进自己嘴里，还学着妈妈喂自己的样子，把勺子也送进妈妈嘴里，喂妈妈吃蛋糕。

　　孩子的小手拿不稳勺子，好多次都把蛋糕喂到了妈妈的脸上、鼻子上，妈妈莫名有些烦躁，看着孩子吃得一嘴一脸，自己脸上也都是蛋糕，再看看蛋糕，也被戳得稀巴烂，妈妈决定制止孩子这个"游戏"。但是孩子不愿意，开始和妈妈抢夺勺子，妈妈和孩子讲道理，他一口一个"我不要"，非要将戳蛋糕、喂蛋糕游戏进行到底。

　　最后妈妈实在忍受不了一把夺过孩子的勺子，孩子呼啦一声把蛋糕盒子从桌子上扯到了地上，蛋糕"啪"一下倒扣在了地板上，奶油飞溅得到处都是。妈妈气得大吼了孩子一声，孩子也要起了性子一屁股坐在了地上，哇哇大哭起来。

　　妈妈见孩子哭了，觉得有点不忍心，立马过去安慰，没承想孩子一下躺在了地上，哭得更厉害了。

　　原本还是个很温馨的吃蛋糕的场景，但却一步步演变成了"鸡飞蛋打"的场面。我们回过头再看这个故事，为什么孩子会如此"不讲道理"？他的负面情绪怎么来得如此"迅猛"？其实，孩子的负面情绪来得也算有一些道理，他不过是觉得用小勺子挖蛋糕及把勺子里的蛋糕喂给他人吃很有意思，也想要学习，想要自我体验，可是由于他做得不熟练，又有些游戏的意味在里面，所以弄得到处都是。在这个过程中，妈妈觉得难以忍受，选择顺从自己的意愿，去掌控这个局面，试图让一切变得更有序。结果孩子因为自己的行为受到阻拦、自己的意愿被违背而产生了负面情绪，可妈妈却又不懂得用合理的方式来消除，只是一味地想去压制，慢慢地整件事情变得越来越不可控。很明显，在这个过程中，妈妈没有选择对的引导方法，始终以情绪为主导，试图压制而不是引领，这才导致了最后这个局面。

在引导孩子的过程中，要允许他有自己的负面情绪，并表达出来，否则他的负面情绪会被累加。妈妈一味地否定和训斥会让孩子感到压力倍增，原本只有自己"无处安放"的焦虑和愤怒情绪，再加上妈妈的负面情绪，孩子会完全不知所措。

所以，当孩子有负面情绪的时候，首先妈妈要做到的就是理解，并换一种更好的方式来帮他疏导，让他不再为负面情绪所困扰。

还用上面这个例子来举例，妈妈完全可以换一种方式来引导孩子，比如可以说"宝宝喂完妈妈了，现在换妈妈喂宝宝吧"，还可以说"来来来，妈妈还有一种新吃法"，将主动权再次抓到自己手中。

而如果孩子已经发起了脾气，我们也不能跟着一起生气，否则两边情绪的碰撞，会让事情变得更糟，倒不如告诉孩子："你感觉不开心是吗？但是你这样弄得满脸都是，连妈妈也成了小花猫，太不漂亮了，我们清理下，妈妈教你怎么用勺子好不好？"

这样的表达既接纳了孩子的坏脾气，同时又能引导他意识到我们阻拦他的原因，知道了我们行为的原因，孩子也许就不会那么生气了。

最重要的一点，是要让孩子学会接纳自己的坏情绪，告诉他"妈妈知道你不高兴，你生气不是错误，只是不要将勺子扔到地上，你可以告诉妈妈你的感觉"，这样的引导就是在教孩子用正确的方式来表达自己的负面情绪，要慢慢地引导，不要训斥他，越是好好说，他才越能好好听。

孩子的坏情绪有时候来源于外界，有时候也来源于自身，来源于外界的坏情绪有迹可循，比如这个蛋糕的故事，引导孩子接纳的时候，他多半能从具体事件去思考，引导过程相对会容易一些。

但有些来源于孩子自身的坏情绪，原因不会那么明朗，比如他可能只是觉得一个人没意思，当下就会耍小性子。那么对于这样的情况，讲道理不会很管用，可以先用一些事情引起他的兴趣，待他安静下来之后，再告诉他"如果没意思，就找些好玩的事情做，如果只是哭闹，你会更没意思，妈妈觉得无聊的时候不会哭闹，而是找好玩的事情做，下次你也试试吧"。

劝导的时候同样不要批评他，用平静的态度讲给他听，孩子也会意识到，自己的这种"感觉没意思"的状态不是错的，只是需要好好解决这个问题就好了，这样的经历有过几次之后，他再遇到无聊的时候，就会自己找些有趣的事情做，而不是随便发脾气了。

越小的孩子对坏情绪的接纳能力越差一些，因为此时的他能力不足，面对很多状况会感到无力，所以，此时的我们需要温和而冷静地引导而非斥责他，只有这样才能更好地提升孩子解决问题的能力。如果妈妈不能稳定自己的情绪，和孩子硬碰硬，最后只能是两败俱伤，聪明的妈妈都不会做这样的选择。

秩序感，对孩子来说到底意味着什么

秩序感是孩子安全感的一个重要来源，每个孩子天生都具有强烈的秩序感，这种秩序感可以帮助他对事物做出准确的分辨与判断，同时也会帮助他建立起良好的道德意识。即便是出生才几个月的孩子，也会对他周围的环境有一个熟悉的过程，一旦他所熟悉的感觉被破坏，他也会因此陷入烦躁之中。

这一点很好理解，孩子原本就是从一片空白开始摸索的，逐渐熟悉自己所处的环境，熟悉这个环境中所包含的各种人、事、物，并在内心建立起一个稳定的秩序。这种秩序感的存在会让他感到很安全，特别是周围环境中还可能存在可以给予他安慰、指导或保护的事物和人，当他逐渐熟悉了这个环境之后，内心会慢慢安定下来。

但是，一旦他周围的环境被破坏，他会觉得这个环境加入了陌生元素，他的秩序感也就被破坏了，这会给他带来恐慌，而这种恐慌势必会引发他的焦躁和恐慌情绪。

其实从出生直到两岁左右，孩子都处在一个秩序敏感期里，不管做什么事，他都遵循着一种秩序，比如，走路要走固定路线，做事要有固定次序，包括穿鞋先穿哪只脚也许都会成为固定模式。只有这种非常有秩序的生活，孩子才会认为是正常且安全的，任何一种随意打乱秩序的事件，都会给他带来不安。

一位妈妈带着两岁的孩子刚进家门，为了防止孩子在外面跑了半天的小脏鞋底踩脏屋子，就直接抱起了孩子，迅速把鞋脱了下来，连带着把小袜子也拽了下来，可这一系列动作刚做完，孩子立刻就哭了起来。不仅是哭，他还不停地扭动身子，明显在抗拒妈妈的动作。

妈妈怎么安抚都没用，后来妈妈认真倾听，才从孩子夹杂着断断续续哭泣的声音里听出缘由，原来孩子是想要自己脱鞋，而不是由妈妈替他脱，而且妈妈脱鞋脱袜子的顺序错了，先左脚后右脚，先脱完鞋再脱袜子才是"正理"。

妈妈很无奈，只得按照孩子的"指示"，重新给他穿好鞋袜，然后让他坐到小凳子上，看着他自己按照自己的秩序脱下鞋袜，并最终破涕为笑。

孩子在这些小事上的执着让成年人觉得无法理解，但这也恰恰就是孩子这个时期的特点。孩子通过不断重复已确定的秩序，来巩固自己的安全感，顺利度过这个阶段，他就能获得进一步的发展。

而从道德角度来讲，秩序感是孩子道德意识的起源之一，孩子对整齐的东西感到满意，对被打乱的东西会有烦躁的表现，这是因为他能理解整齐的是正确的，混乱的是错误的，所以他更追求整齐的、有秩序的，追求完整的、完美的，从秩序感之中，他体会到了事物是有好坏之分的，行为也是有对错之别的，如果他的秩序感能够正常发展，显然会有助于他的自律感的发展，通过巩固秩序感，他也将学会自己规范自己的言行举动。

相反的，如果我们错误理解了孩子对秩序感的追求，反倒认为他矫情、任性，认为他是故意找碴儿，接着就无视他的需要，还训斥指责他，那么孩子内心对标准和完美的追求就会被压制，自律感的萌芽也会遭到破坏，最终也会导致孩子在遵守规则和道德发展等方面出现各种问题。

所以，面对孩子对秩序感的追求，我们要做的就是顺从与指引，理解他的需要，尽量满足他对秩序和完美的追求。如果他要求按照某种秩序去完成某件事，在条件允许的情况下，就让他按照自己所认可的顺序去做就好，满足他对事物完整、完美的要求，让他尽情享受那种"完美"，保证他内心安全感的建立。

在最基本的生活上面，要根据实际情况，尽量给孩子安排规律的生活，吃饭、睡觉、玩耍、休息，什么时候讲故事，什么时候做游戏等等时间都要安排好。如果有临时要加入的事情，也要告诉他要发生什么事情，而他已经习惯的事情可能要被延后或取消。同时，也要做好安慰孩子的准备，不要很强势地直接通知孩子改变规则。如果孩子可以很好地接受这种改变，我们也不要动不动就做调整，一个稳定的生活环境，对孩子的成长是有利的，不仅利于安全感的建立，也利于好习惯的养成。

同时，我们也要改变自己以往那种不规律、很随意的生活状态，以身作则，和孩子一起过有规律的生活。这样孩子每天可以自然而然地体会到秩序感，这也有助于他养成言行一致、遵守规则的好习惯。

而在这个过程中，某样秩序被破坏的情况也会随时出现，当孩子变得焦躁时不要手忙脚乱，这时只要平静地陪伴他，听听他的"抱怨"，告诉他我们很理解他的这种感受，允许他把负面情绪发泄出来。

另外，不要只理解他的感受就算了，袖手旁观并不那么容易帮孩子赶走坏情绪，倒不如协助他想办法恢复被破坏的秩序，如果他要求重来，只要不是太过分或违背原则的事情，就顺从他的要求也没问题。否则，一旦违背了孩子的这种需要，那就不是花几分钟安抚的事情了，可能会需要更长的时间来让孩子平复情绪。

可能有的妈妈担心孩子因此会变得小气任性，这个担心是没必要的，培养秩序感是孩子成长过程中的一个必要发展阶段，而且他在这个阶段里所关注的重点也不是怎样去破坏规则、挑衅妈妈，也不是怎么让周围人都顺服于他，他只是在建立自己的秩序感和安全感，因此，妈妈们一定要充分理解孩子，并帮助孩子顺利度过这个必经阶段。

这件"小事"对孩子来说，真的很重要

先来看这个3岁女孩和她妈妈的故事：

　　女孩有一件很漂亮的裙子，蓬蓬的裙摆，每次穿着它，女孩都像小公主。妈妈带着女孩一起去吃饭，但女孩却怎么都不肯坐下，她小心翼翼地扯着自己的裙摆，尽量不让周围的东西压住。

　　女孩站在过道里不肯就座，妈妈看来来往往的人太多，便说："快坐下吧，挡着别人过路了。"

　　女孩却摇头："不要，会压到我的裙子。"

　　妈妈招呼了几遍，孩子依然不松口，看着周围人越来越多，妈妈一把抱起女孩放在了座位上，女孩一下子哭了，手连忙拽起裙摆，哭着说："我的裙子，裙子。"

　　妈妈这才明白了，原来"罪魁祸首"是这条裙子，她不耐烦地说："为了裙子都不坐下了？不坐下怎么吃饭呢？裙子坐一下又坐不坏，你这孩子太矫情了，这样的话下次不要穿着这条裙子出门了！别哭了，再哭妈妈生气了！"

坐下后，裙子的裙摆效果打了折扣，而且还可能会有褶皱，这是再平常不过的事，对于成年人来说，这件事几乎可以忽略不计，可孩子不这么想，完整的裙摆是漂亮的，是孩子所喜欢的，所以一旦坐下了，裙摆的完美性就被破坏了，更别提会出现褶皱了。

孩子将裙摆的完美当成是一件大事来看，但是妈妈显然不这么认为，她简单直接的处理方式，破坏了孩子心中完美的事物，也直接否定了孩子对于完美的追求，这种态度会让孩子产生错乱感，认为追求完美是不正确的。

每次遇到类似这样的事情，我们都觉得自己是有理的，都可以很清楚地解释为什么要阻止孩子对某件小事的"较真"。比如这位妈妈，她的理由就是要吃饭了，必须坐下，而且人多，站在饭桌旁很碍事，重要的是孩子这么别扭，明显违背了妈妈的权威。

这些理由，无不是从我们自己的角度出发考虑，唯独没有从孩子的角度去想，就算是理解了孩子这样做的原因，却也没有在乎他的心情，这对孩子是很不公平的。处在执拗期、追求完美时期的孩子，很多我们不那么注意的小事对他来说都是大事，这些小细节都关系到他对完美的追求。

追求完美是孩子的天性，这种天性是值得我们好好呵护的。完美会给孩子带来精神上的愉悦，他对完美的追求，表明他的精神世界正在逐步走向丰盛与深入，这是件好事，是很值得庆幸的事情，所以最好的处理方式应该是满足他的需求。

具体来说，应该怎么办呢？

多关注孩子所关注的内容。

当有"小事"发生时，应该更多关注孩子对这件小事的反应，3岁左右的孩子，已经可以简单表达他的意图。此时不如问问他，为什么要有某些看上去不那么合理的举动，他想要实现一个怎样的状态。

而我们则先不要从"大局"的角度去考虑这件事，尽管孩子的表现可能的确会妨碍到大局，可是在可以允许和接纳的范围内，还是要保证他的心情。

如果实在需要考虑到"大局"了，也要将孩子所关注的内容放在首位。就拿这个裙子事件来说，当了解了情况之后，我们完全可以这样说："宝贝站到妈妈身边来，这样你的裙子就不会被别人碰到了，你也不会挡着别人了。"这样说的话，既尊重了孩子的心理需求，也缓解了孩子的压力，当孩子知道我们是那个可以理解他的人，之后的事情他也更加愿意听从我们的意见。

尽量不强迫孩子改变他所认可的现状。

孩子对某些小事的执拗状态，会让他对某些现状颇为坚持，只要没有违背原则，不强迫他改变也没什么问题。

就像孩子顾及她的裙子，而不想坐下来，让她自己站一会儿并不是什么不好的事情。顶多如前面所说，巧妙地把她带离人多挡路的地方就好。如果已经开始要吃饭了，孩子必须要坐下了，与其强硬地要求她坐下，倒不如想想怎么帮她维持她那美好的裙摆。不管是帮她整理一下，还是用其他方式来让她意识到美丽是不会被破坏的，都能缓解当时她的紧张情绪。

给孩子自己处理的机会。

孩子追求完美，也希望通过自己的努力来维持完美，所以如果他想要凭借自己的努力去实现自己的想法，那就允许他自己去试试看，如果是因为我们而破坏了他"完美计划"的实施，就看看是不是还有机会弥补，能弥补的就弥补，这个时候我们还是要以能让孩子感到快乐为最优先考虑的事情。

当然了，有时候这些小事也的确是耽误了时间和功夫，所以我们要及时调整心态，也要灵活处理时间，这个时候允许孩子任性一点也不是什么坏事。只不过，我们也要分清他是不是真的是因为追求完美而任性，还是在"拿捏"父母以求得更大的利益。一旦他发现任性撒娇都能换得我们对他的纵容，他也会"得寸进尺"。这时就需要妈妈们运用智慧去判断了。

所以我们也要变得成熟起来，结合孩子的情况多学习多思考，更深入地了解他成长过程中要经历的那些阶段，了解孩子可能会有的情况，可能会遇到的问题，才能更智慧地处理孩子的"小事"。

不用紧张，孩子的成长是一个非常自然的过程

很多人都喜欢养花，家中摆着诸多花盆，或者在小院子里种上自己喜欢的花草。可是，要想把自己喜欢的花养得好却是很不容易的，若是想要将其养好，就要付出许多时间和精力。从选土到施肥浇水到修枝剪叶再到调整花的成长周期，还要考虑到阳光、雨水、风力、温度等各个因素，这样才能让自己养的花，在合适的时候以自己满意的状态呈现在眼前。否则，稍有不慎，就会前功尽弃。

但是，同样是花草，那些生长于野外的就是另一种样子了，它不需要多好的环境，只要可以扎根，就能顽强地活下来；也不需要特定的肥料，自然的阳光雨露就能让它健康成长。而且，野外的花草从不畏惧各种不利的条件，不管是狂风暴雨，还是乱石成堆，都不会对它构成威胁。它能自己进行调节，寻求最适合自己的成长方式。更难能可贵的是，就算那个地方并不适合它成长，它也会改变自我以适应环境去让自己存活下来。相比于那些娇嫩的温室花朵，这些野花的生存是自由的，是坚强的。

为什么同样是花，却会有两种不同的结局？一个重要的原因就是，家养的花是在人为干预的情况下成长的，过多的管理与关心，让花慢慢适应这种精心打造的环境，而且一旦出了问题，都是由养花人去处理。

而野花就不同了，它完全顺应着自己的成长规律而生长，什么时候长

叶、什么时候拔高，什么时候开花，它都按照自然规律自然地生长着。如果遇到了问题，它都必须坚强面对，首先保证可以活下去，正是这种历练，让它可以自行根据当时情况调整成长状态，刮风它就倒伏，以免自己被吹跑；干旱它就扎根，不停地继续向下扎根，以汲取更多的养分；它也毫不畏惧暴雨，即便花瓣被打落，它也能重新调整状态，靠着顽强的生命力等待下一个花期。

这就是一个最简单也最真实的道理，自然状态下的成长，才是生命最好的成长状态，生命也才能得到更好的发展。花是如此，孩子更是如此。

但是，我们倒不必真实去模拟自然界严苛的生存条件，给孩子人为的挫折。这里面其实有一个道理最珍贵，那就是孩子的成长也要遵循"自然之道"。每个孩子都有自然的成长状态，什么时候有什么样的表现，什么样的年龄应该发展什么样的本领，都刻了在我们的基因里。只要我们给孩子提供了适合成长的"阳光雨露"，他就可以健康快乐地长大。

当孩子还在妈妈肚子里的时候，我们对他的要求很朴素，只要健康平安就好。但是，当孩子出生，慢慢长大一点之后，我们无不想让他变成人群中最耀眼的那个孩子，都想要通过自己的教育来让孩子被众人刮目相看，教育出一个与众不同的好孩子，无疑是让我们感到最自豪的事情。

我们自信满满地对孩子进行各种教育，但这些教育却在不知不觉中成了束缚孩子自然成长的枷锁。不能自然成长的孩子，即便在短时间内看上去会有良好的表现，可时间久了，他还是会出现各种各样的问题。

举个例子，很多人认为教孩子学习知识应该越早越好，所以从孩子很小的时候开始，教孩子一些超前的东西，很多孩子在幼儿园的时候就已经被要求学习小学的知识，甚至更高深的知识。孩子的智力被过度开发，大量的时间精力都被用在了过度学习上。

结果，孩子被动地接收了许多超过他年龄段的知识，原本用来自由发展、自由探索的时间被浪费了。很多孩子因为这种填鸭式的学习，早早地就对学习产生了厌烦感，本来父母的意图是让孩子一鸣惊人，谁知由于过早地开发、揠苗助长，让孩子在小学就患上了厌学症，一蹶不振。

有很多得不偿失的例子，都告诉我们一个道理，罔顾自然规律而进行的教育，都不会有期待的正面效果，还会有严重的负面作用。

我们都知道婴儿的成长过程中会经历抬头、翻身、坐、爬、立、走等一系列过程，只要是身体健康、发育正常的孩子，他就一定要经历这样的过程并逐渐长大。但很多妈妈却相当着急，总是觉得孩子发育太慢，尤其是在和其他孩子比较的过程中，一旦发现自己的孩子还没有出现别的孩子已经有的表现，就会觉得是自己的孩子出了问题。

婴儿成长的这个过程就是一个最为经典的自然发展过程，我们急不得，否则盲目地想要揠苗助长，不仅不会让孩子提前发育，反倒可能对他的身体造成损伤。就好比让原本不会坐的孩子一定要学会坐着，这时候的孩子脊柱还没有那么硬实，即便摆好了姿势，他也不可能长时间保持，强硬地要求只会损伤他的脊柱发育。

由此可见，不管是从身体上还是从思想上，孩子的成长都必须遵循其内在的自然规律，任何一种强硬的干涉手段，都将会变成他成长道路中的障碍。而尊重他的自然成长需求，尊重他成长的规律，并提供他成长所需的"阳光雨露"，孩子的成长就是顺理成章的事。

第二章

发现孩子每一种叛逆行为
背后的成长动因

吃饭、睡觉、好好走路、好好说话，这些原本生活中很正常的事情，3岁的孩子却很有"本事"将其变得难以执行。这个时候的孩子总是会很"自然而然"地做出一些反常行为，很多妈妈对此都头疼不已。其实，这一点"小叛逆"是这一时期孩子的一大特点，关键是我们要善于发现孩子每一种叛逆行为背后的成长动因。只有明白了背后的动因，才能合理地应对。

不吃不吃，就不吃——自我意识萌芽，用"不"建立心理疆界

　　好好吃饭是保证人身体健康的重要手段，这个道理成年人都懂，但是，对于孩子来说，吃不吃饭却不是一件很重要的事，探索世界和玩耍才是他生活的"重头戏"，如果有别的事情打扰了他的探索和玩耍，哪怕是吃饭，他也会毫不犹豫地拒绝。

　　"不吃！就是不吃！"孩子拒绝得很干脆，他也许是真的不想吃，还可能是并不想现在吃，又或者真是在赌气，可不管哪一种原因，以上行为在我们这里都会被理解为"孩子不听话，任性，不服管教"。这其实可以算是他自我意识的萌芽，他在用"不"建立自己的心理边界。

　　如同孩子不好好睡觉我们会担心身体受影响一样，孩子吃不好，我们同样也会担心这会影响他日常营养的摄取，影响他的健康成长。但孩子很坚持，所以孩子的某些反常举动也就成为了我们的一块心病。

相信，我们都很熟悉下面的场景：

> 每到吃饭的时候，家里就好像在打仗，孩子专心致志地玩，妈妈却要端着碗围着孩子转，抓空子喂一口。
>
> 有时候妈妈也觉得累，干脆放下碗不理会孩子了，但孩子却又会对碗筷产生兴趣，伸手就抓，时不时地会把饭碗抓翻。
>
> 不仅如此，孩子在凳子上坐着也不老实，不是站到凳子上，就是左右扭动，有时候脚还会抬起来要蹬到桌子上。
>
> 妈妈训斥不管用，可哄也同样不管用，孩子饭吃得少，有时候饿了就会闹一闹，但平时却又什么都吃，看见有零食就跑过去吃两口。
>
> 一天下来，倒是也饿不到他，可是这样不规律地吃饭，妈妈总还是担心不已。

很多家庭都有追着孩子喂饭的经历，那着实不是好的经历，妈妈自己也累，不仅孩子吃不好，妈妈也吃不好，一顿饭吃下来，饭菜都凉了，伤胃伤身。

有的妈妈认为孩子不吃饭就是患上了"厌食症"，是病了，会非常担心，可能还会带着他去找医生。但在很多时候，孩子不好好吃饭也只是他当下的探索精神在作怪，所以我们应该将重点转移到培养孩子养成好好吃饭的好习惯上。

不过说到吃饭好习惯，我们也应该好好看看自己，有很多妈妈自己都不能做到按时吃饭，想吃的时候就吃，不想吃的时候就不吃，还总说出减肥这样的话来，虽然不是故意说给孩子听的，但他也会不经意间就记住这样的话，并且还会认为"妈妈都不好好吃饭，我不好好吃饭也没什么"。

还有的妈妈则是自己认为孩子应该吃什么，就给他准备什么，按照书上或网络上的食谱来给孩子准备食物，结果不管是口味还是食物本身，都让孩子没有想吃的欲望，这才导致孩子不好好吃。

当然了，大部分孩子不好好吃的原因就是没有玩够，没有探索够，不想被吃饭占据更多的时间。

由此可见，孩子不好好吃饭也是有原因的，所以我们也应该有的放矢。

规范全家人的饮食习惯。

一日三餐应该有规律，全家人都应该遵守这个规律。不能随意将吃饭时间提前或错后，不能想吃就吃，不想吃就不吃。

如果爸爸妈妈中有一个人不能按时吃饭，那么剩下的那个人也要和孩子按时吃饭，不能因为一个人就将原本的吃饭规律打乱。至少在孩子小的时候，要为他建立起一日三餐按时吃饭的好习惯。

有些家庭可能习惯性晚吃，或者习惯性两餐，为了孩子要慢慢改掉这种不正常的吃饭习惯，最好不要单独为了孩子而多加一顿饭，否则他一旦习惯了搞特殊，不管是和家人吃饭还是未来在集体中吃饭他可能都会变得不习惯。

不过，三顿正餐之间还是可以给孩子加一些辅食的，水果、健康小糕点或有营养的饮品，都可以给孩子简单地加一些，但不能太多，尤其是不要让他吃得太饱，以免到正点吃饭时没有食欲。

为孩子准备合理的饭食。

所谓合理的，包括两个方面，一方面是营养均衡层面上的合理，另一方面是孩子口味的合理。

孩子应该五谷杂粮都吃，不能只吃精细食物，多吃蔬菜水果，多摄入维生素和多种微量元素，蛋白质和脂肪的摄入要合理，不能给孩子吃高能高热量高脂肪的食物，也不能纵容他吃太甜的食物，以免引起蛀牙和肥胖。这就是营养均衡层面的合理饭食搭配。

而孩子口味方面，我们也应该多作了解，他爱吃什么、不爱吃什么，如果他爱吃的东西都很健康，不妨给他多做一些，尽量让他少吃不健康的东西；如果他不爱吃的东西都是健康的食品，不要硬逼着他吃，不如给他换几种口味，换几种烹调方式，或者增加一些饭食的样式，让他能逐渐接纳，满足他的营养需求。当孩子吃到好吃又爱吃的东西，自然也就不会那么排斥吃饭了。

还有一点，就是在饭菜的色、香、味方面，我们最好多下点功夫，好看的饭菜会引发孩子的兴趣，如果能做成他喜欢的样式，会更吸引他的注意力。比如，有的妈妈会把饭菜做成孩子喜欢的卡通形象等，孩子产生了兴趣，吃饭也就更加主动。

给孩子一些提示和引导。

要吃饭了，我们除了专心准备饭菜之外，也要给孩子一些提示和引导。

比如，做饭之前，就可以提醒孩子"妈妈要给宝宝做好吃的了，宝宝赶紧收拾玩具等着吃好吃的"，给孩子一定的缓冲时间，允许他磨蹭一会儿，可以告诉他"吃完饭还能继续玩，吃不饱的话，可就玩不动了"；在做饭过程中，可以给孩子一些小"甜头"，切一小块黄瓜，给他一小块西红柿，用这样的方式来吸引他对即将上桌的菜产生兴趣；饭菜即将上桌前，和孩子一起洗手，鼓励他摆放自己的勺子、碗或盘子，和他一起布置饭桌，引发他的兴趣；等到吃饭的时候，我们自己好好吃，鼓励他也好好吃，但不要总是抱怨他吃得不好或吃得不干净，要多夸奖他的进步，让他在饭桌上感受到愉悦的用餐氛围。

而在吃饭的过程中，最好不要开着电视，也不要让孩子把玩具之类的东西带到饭桌上，清理干净饭桌上其他不属于吃饭时间应该有的东西，保证吃饭这项行为的"纯粹性"。同时，吃饭的时候就好好吃，少说话，专心吃饭有助于消化吸收。妈妈们要用自身行动来影响孩子，帮助他养成好的用餐习惯。

按时睡觉究竟有多难——充满活力，活泼好动是孩子的天性

家里有3岁左右的孩子，大多数都会经历一场与睡眠有关的"战争"，让孩子按时且好好地睡觉会成为很多妈妈的一个"心头大患"。

因为，有相当多的孩子越到晚上反而越精神，此时的他与床就好像是同性相斥一般的存在。能让孩子乖乖上床躺下，对我们来说就变成了一项非常艰巨的任务，孩子仿佛打开了"夜间兴奋"的开关，而且越接近睡觉的时间越兴奋。

如果我们以强制的方式把他按在床上，他也会用同样的坏脾气来应对，甚至还会比我们更暴躁，一旦哭闹起来更是无法收拾；如果我们以利诱，那孩子更会心心念念着那个"诱惑"，不管是好吃的、好玩的还是我们给他的天亮后的承诺，都将成为导致孩子更为兴奋的促进剂，若是当下就能让他拿到的东西，他一定会穷追不舍，若是需要第二天或以后才能实现的内容，他一定会念念不忘。不管是哪一种方式，都会让孩子的精神被"激"得更加兴奋，他反而更睡不着了。

结果，一到孩子要睡觉的时间，我们就不得不一遍又一遍地把从床上跑出来的孩子抱回去，或者一遍又一遍地把在床上大闹的孩子按下去，并

把他塞进被窝。如此来回折腾一番，原本定好的睡觉时间也就被不断地向后推了，等到他终于折腾累了要睡觉的时候，时间已经很晚了，而我们不仅疲劳不堪，还有可能因为和孩子的斗智斗勇而导致精神变得异常亢奋，让自己的睡眠也变得不规律。显然，不合适的催促孩子睡觉的方式，不仅影响了孩子的睡眠，更影响了我们自己的睡眠。

而对于孩子来说，如果睡得晚，其身体自然的成长规律就会被破坏掉。就算是正常成年人，如果熬夜不睡，对身体也是有损伤的，更何况是正在长身体的孩子。原本那些依靠睡眠而进行的发育，以及依靠睡眠来调节的身体机能，会因为睡眠不规律而被打乱。而且，睡得晚的孩子，为了拥有足够的睡眠，起得也相对晚，有些孩子甚至白天黑夜颠倒睡眠。

虽然感到很头疼，但我们也用不着太担心。首先对于孩子来说，他本身就充满活力，活泼好动是他的天性，有活力不是什么坏事。其次，孩子晚上不按时睡觉也不是完全不能解决的事情，为了能让孩子在合适的时间安心入睡，可以试试下面这些方法。

白天帮助孩子释放精力。

随着成长，孩子接触到的世界越来越大，看到的东西、可做的事情也越来越多，但不可否认的是，他的精力也变得越来越旺盛。那些晚上不睡的孩子，多半都是旺盛的精力没有得到很好的释放，身体里残留的精力自然不会让他太早困倦，非要等他把精力都消耗殆尽，他才可能会因为疲倦而想要休息。

所以，白天的时候应该多帮助孩子释放精力，带着他充分地活动，多运动、多游戏，让他的精力得到尽情地释放，等到了晚上，他自然会因为身体疲累而早早上床睡觉了。

为孩子营造合适的睡觉氛围。

若想要让孩子尽快进入睡眠状态，可以在睡前给他安排合适的睡前氛围。减少热闹的活动，家中保持足够的安静，不管是说话还是做别的事，最好都能放轻动作，不过不要刻意表现出来，而是自然地让自己的行动和说话都变得轻柔，这种自然状态更能让孩子意识到越临近睡觉时间越不能吵闹。

在相对固定的时间里为孩子洗漱完毕，陪着他或和他一起躺在床上，用轻柔的声音给孩子讲讲故事或唱唱歌，也可以简单地和孩子聊聊不那么热闹的事情。或者轻轻地拍拍、慢慢地抚摸他的身体，帮助他放松下来，直到他慢慢睡着。

全家都建立起有规律的作息。

对于孩子来说，不管是午睡还是晚上的睡眠，都最好有一个固定的时间，尤其是不要将孩子的午睡推迟到下午，否则孩子会因为睡得太多而在晚上睡不着。

不仅是孩子，我们自己也要有一个规律的作息时间，特别是不要熬夜，在为孩子准备睡眠氛围时，我们自己也要开始适当的准备，不要熬夜看电视、玩电脑和手机，给孩子做个好榜样也能促进他的睡眠。

摸清孩子的睡眠规律。

每个孩子都有自己的睡眠规律，有的孩子可能中午就是不睡觉，有的孩子可能就是睡得少，所以要多观察，看看孩子睡午觉与不睡午觉时有什么区别，看看他早睡与晚睡又有什么不同，经过一段时间的观察和调整，摸清孩子的作息规律，并根据他的特点来制定合适的作息时间表。

另外，随着成长，孩子睡眠的时间会发生变化，如果家中有多个孩子，那么不同的孩子也有不同的作息时间表，要合理安排每个孩子的作息时间，尽量做到互不打扰。

暂时不要让孩子掌控自己的睡眠。

有的妈妈可能会随着孩子的心情来设定他的作息时间，孩子想睡的时候才让他睡，这是不合理的，对于小孩子来说，神经很容易因外在的刺激而变得兴奋，有时他不想睡并不是他不需要睡眠，而是由于过度兴奋。所以，要想让孩子拥有健康的身体并养成良好的作息习惯，做妈妈的还是要学会"掌控全局"，在摸清孩子的作息规律后，为孩子制定合理的作息时间表，然后按照规律的作息去生活，这样会更有助于孩子的身体发育。

不过要注意一点，也不要因为孩子不想睡就训斥他，否则孩子也可能会在睡着后做噩梦，可以试试使用定时器，提醒他要按照定时器规定好的时间上床睡觉，久而久之，孩子也会习惯成自然。

动不动就哭闹——孩子有负面情绪，温柔、平静地与他沟通

孩子动不动就哭闹，是每位妈妈都再熟悉不过的事情。按道理来说，孩子的每一次哭闹都是有原因的，可是有些妈妈却并不这么认为。孩子有些时候的哭闹会被归为"有原因的"，但有些时候，又觉得他的哭闹就是无缘无故的。认为他不分时间、地点、场合，想哭就哭，有时候还会大哭大闹，尖叫大喊、撒泼打滚，甚至不管是不是在外人面前，孩子的表现让人难以接受。

对于孩子的哭闹，我们下意识地都会先想到要阻止他，"别哭了"，这是我们常说的一句话，可是很多时候，我们越说"别哭了"，孩子哭得越厉害，要不了多久，我们也会因为他急切的哭声而变得焦急起来，一着急，脾气也就更加不好了，慢慢地，声音从哄劝演变成训斥，直到最后，耐心被磨没了，双方情绪也完全失控。此时，不管多小的孩子，都能招来

妈妈的一顿臭骂，有的甚至会被妈妈上手"教训"几下。

接下来，双方都会感觉非常疲惫，孩子抽抽嗒嗒地哭，我们要么还在训斥，要么就是直接采取惩戒手段，把原来答应买的东西否决掉，给他点颜色看看。当然，还有一种则会屈从于孩子，他想要什么就给他什么，想要做什么就满足他的要求，只要不再歇斯底里地哭闹不止，我们也就能安心了。

无论是哪种处理方式，双方的损失都是"巨大"的，疲惫的妈妈感觉到精力被耗尽还充满了育儿的挫败感，撒泼打滚的孩子嗓子哭哑了还被收回了要买玩具的承诺。还有的孩子，抓住了妈妈的软肋，下次还会用哭闹的方式来谋求自己的利益。不管是哪种情况，都会有后患，情绪没有得到正确释放的孩子，下次遇到同样的事情会爆发出更激烈的情绪，被"收买"的孩子下次还会故技重施、变本加厉。

当然，还有另一种妈妈，选择对孩子的哭闹听之任之，你哭你的，我忙我的，认为只要我自认为听不到，做到不回应，孩子自然会觉得无趣不再哭闹。或者说，她把孩子的哭闹定义为无理取闹，认为这种无理取闹会随着孩子长大而产生变化，孩子长大了自然就不哭了。说实话，这种方式算是最糟糕的处理方式了，没有哪一种方式比无视更加残酷。

这种不理会的态度，会让孩子感觉到和妈妈的沟通出现了"鸿沟"，这是一种冷漠的回应，说是冷暴力也不为过。那么，被无视的孩子真的会长大了自然就变得听话了吗？可能恰恰相反，被无视的孩子，长大后也会对妈妈关上心门，他表面上看起来不哭不闹、听话懂事，但这只是一种掩饰，掩盖的是他和妈妈之间再也难以跨越的距离。

综上所述，无论哪种应对方式，都不是很合理，那么究竟怎样的处理方式才是正确的呢？

首先问问自己，孩子为什么要哭闹？说了这么多，不知道妈妈们有没有问过自己，孩子为什么会哭闹不止。当我们试图从这个角度考虑问题的时候，答案离我们就越来越近了。

其实，孩子也有他自己的"小算盘"，哭闹则是他为了能达到目的而使用的一种手段。对于孩子来说，很多事情是他无法解决的，因为他的能力还远远不够，而他对妈妈一直都是信任且依赖的，所以求助妈妈是最简单直接的方法，但是妈妈在很多问题上又不会直接答应，使用"眼泪攻势"就是他的最终选择了。

既然如此，我们倒不如好好看看孩子想要实现的那些事情。也就是说，面对孩子的哭闹，不要一上来就着急，也不用一上来就忙于满足他的要求，一定要先了解他哭泣的最真正原因，合理的原因才能予以满足，而且还要及时完整地予以满足。比如，像是吃饱、睡好等这些很基本的需求没有得到满足，我们就一定要满足，可不要让孩子平白地浪费眼泪。当然，有些事情可能是孩子的无理要求，这时他的哭闹就只是一种强求了，也是他恃宠而骄的表现，这时我们才需要采取其他措施。

有时候，孩子的哭闹也可能源于他的不快乐，比如，不喜欢某个玩具，原来好吃的东西忽然变得不好吃了，喜欢的衣服脏了，等等原因同样会引发他的不快乐。对于此，我们都要好好地了解透彻，对于3岁左右的孩子来说，已经可以很明确地表达这些内容了，所以深层了解他哭泣的基本原因，将更有助于解决他的哭闹。

了解了原因，接下来就是我们的应对了，不要直接阻止孩子的哭闹或任凭他哭闹，最好的回应方式应该是设置并执行合理的方法。

孩子的哭闹在家里家外都可能开始，但是我们不能等到哭闹发生之后才开始想办法，最好是在一开始就通知孩子，不管你怎样哭闹，我只会告诉你这是行不通的。一般来说，给孩子一个很明确的规则，他都会很好地遵守。

如果是在公共场所，孩子不停地哭闹，而此时他的要求是无理由的，比如，出门前说好了去商场买一个他喜欢的玩具，但是买了一个之后他又看上了另一个，表示今天不买就不回家，然后开始撒泼打滚。那么，此时根据事先和孩子约定好的内容，我们可以直接拒绝孩子的贪心。

　　不过，3岁的孩子可能不会那样"通情达理"，但是这也没有关系，妈妈此时要接纳孩子的负面情绪，这个年龄段的孩子对于自己的欲望表达得都很直接，想要什么就要，不给就会哭。但是作为妈妈来讲，此时正是给孩子建立规则的好时机。我们要平静地和孩子阐述事实，告诉他之前和他的约定，唤起他的记忆，然后对他说明，想要这个玩具可以，下次我们再来买，此时，有的孩子就会表示，同意妈妈的建议。

　　如果有的孩子还是不能接受，表示不买就不走，那么妈妈就可以表示，如果你想在这里住也可以，妈妈没有意见，妈妈还可以给你提供被褥，但是你能不能在这里住，就要看商场保安叔叔允不允许了。

　　一般说到这里，大多数孩子都可以明白妈妈遵守规则的决心，经过了长时间的沟通，孩子的购买热情也消退了一些，此时，妈妈再做出"乖乖回家、不再哭闹，下次再来妈妈就给你买这个玩具"的承诺，大多数孩子都是会欣然接受的。

　　在这个过程中，最关键的是，妈妈首先要认真倾听孩子的要求。让孩子充分表达自己的需求，会让孩子焦躁的情绪得到释放，妈妈认真倾听的态度，也会让孩子觉得，妈妈是站在自己一边的，妈妈是理解自己的，这本身就会让孩子的焦躁情绪得到缓解。其次，妈妈的情绪一定要放松又平静，用和缓的语气平静地阐述事实，让孩子明白规则的可靠性，让孩子明白和妈妈说的话都是算数的，不能因为任性而随意更改，培养孩子的规则意识。最后，给孩子做出承诺，让孩子对下一次与妈妈的出行充满期待。

做到了这些，相信孩子是会理解妈妈的用心的。在这之中，非常关键的一点是，妈妈自始至终要保持平静而理智，不吼不叫，不要随着孩子的哭闹，也启动"3岁模式"，与孩子一起吼叫、失控。无论何时，一个温柔、坚定、平和的妈妈，都是孩子最棒的引领者。

一出门就让抱抱——是懒吗？他需要安全与被爱的感觉

"要抱抱"，小孩子总是很名正言顺地提出这样的要求，对妈妈撒个娇是最正常不过的事情。如果之前妈妈一直都能满足他的要求，那么他已经可以笃定，不管怎样妈妈都会抱起他来。所以，在"要抱抱"这件事上，我们往往都"斗"不过孩子。

每次出门，离家之前我们可能都与孩子说得好好的，"出去之后自己走"，可是出了家门没走几步，孩子就会跑到我们面前，两只小胳膊一伸，小手张张合合，"妈妈抱抱"。如果不理会他，他要么是一直追着要抱，要么干脆就抱上我们的大腿，当然更狠一点的绝招，就是用哭闹来求抱抱。

不过是3岁的孩子，妈妈们都不会忍心他一直哭闹，就算是严厉地训斥几句，最终还是会无奈地抱起他，孩子在这件事上总是会"赢"。

一位妈妈讲述了自己和孩子之间关于"抱抱"的故事：

带着快两岁的女儿出去玩，本来考虑得很好，给她带上婴儿车，她走累了就把她放车里推着，就算她一直不愿意走，一直推

着也没问题。

可现实完全不是那么回事，出门没一会儿工夫，她就非要让我抱着，她已经快两岁了，很沉了，抱着走不了多久就累得我一身汗，想要把她放车里，她不干，小腿儿一抬，夹住我的腰，就是坚决不把腿放进车里去。

爸爸在一旁说他抱会儿，女儿完全不理他的意见，根本连看都不看。

最后，我狠狠心把她放到了地上，转头就走，她又追着跑，跑到我面前，两只小手一张，嫩嫩的声音就出来了："妈妈抱抱小乖乖宝吧！"那小模样，那小声音，谁拒绝得了啊！

还得抱起来，狠话也就是说说，累的是自己，心疼的是自己，最纠结的还是自己。到现在，都不怎么敢带女儿出门了。

这个故事描述了一个妈妈那种无奈、舍不得但又有一点焦虑的心理，是所有妈妈都会遇到的情况，可孩子却也正是抓住了妈妈这样的心理，这才如此"锲而不舍"，同时又每次都能"如愿以偿"。

从妈妈的角度来说，抱着孩子实在是太累了，而且孩子还不能很好地"接地气"。现在大多数家庭都住在楼上，每天带孩子出门的时间很有限，妈妈们都希望孩子可以多走走路、跑跑跳跳接接地气，这是有益于孩子的身体健康的事。

可是，孩子并不是这么想的，一方面，有可能真的是由于锻炼得少，孩子懒得走。另一方面，出门在外都是陌生的环境，年龄小的孩子多少会有些胆怯，被妈妈抱着会给他带去安全感与被爱的感觉。从另一个角度想，我们难道不享受这种被孩子需要的感觉吗？难道不会因为自己受到孩子如此喜欢而感到很开心吗？

不过，开心归开心，但很多妈妈们的腰却因为总是抱孩子常年在痛，这也是真实的痛苦感受。妈妈们为了孩子在忍受着疼痛，明明身体很不适，可是每次看到孩子渴望的眼神、稚嫩的语气，虽有万般理由想放下孩子，却又总是狠不下心来拒绝孩子。嘴上说着"多走路身体好、多走路长高高"，看到孩子委屈的小表情，还是忍不住又把孩子抱了起来。

这样的话，我们不妨看看以下建议，在面对看起来无法拒绝的"要抱抱"这件事上，妈妈们可以试着这样去做：

选定参照物，和孩子来个"你追我赶"的比赛。

孩子不愿意自己走，其中一个原因可能是他真的不愿意自己走，一路上没有他想看的东西，也没有什么可玩的，他自己走着又累又无聊，与其自己走，还不如窝在妈妈的怀抱里，贴着妈妈也安心。

所以，我们不妨提升一下孩子走路的兴趣，和他来个"你追我赶"的比赛。设定不远处的一个参照物，告诉孩子"我们走到那里之后，妈妈就抱你一会儿"，要和孩子好好地说，争取他的同意，然后我们就要立刻开始走，但不要走得太快，要时刻注意孩子的安全。

而当走到指定地点时，一定要抱一抱孩子，因为这是我们与他的约定，这个约定一定要遵守。抱一段路之后，可以再和孩子约定下一个参照物，然后再采取同样的方法走过去，慢慢地孩子就会在这游戏中习惯自己走路了。

不过，也要注意孩子是不是真的累了，如果真的累了，抱一抱孩子也无妨。

多采用孩子喜欢的东西作为转移物。

好奇爱玩是孩子的天性，每个孩子都有自己喜欢的东西，出门的时候，不妨带上他喜欢的玩具或其他东西，吸引他的注意力，跟孩子边走边玩，引导他注意安全，不知不觉中他也就能自己走很多路了。

比如，有位妈妈每次出门前，都会和孩子商量好，允许他带着自己最喜欢的超人玩具，一路上，孩子有自己喜欢的玩具为伴，也就不会总缠着妈妈抱着他了。不仅如此，孩子走路还越来越带劲，因为妈妈告诉他，要给"超人"做榜样，好好走路身体棒。

　　不过就算有了玩具的陪伴，孩子累了的时候还是要抱一会儿。只要他不依赖我们的怀抱就可以了。

巧用目中所及之物。

一位妈妈分享了自己的经验：

> 带着孩子去商场里玩，孩子走不了几步就非要抱着了，可一边逛一边还要抱着个小肉团，也真是累得不行。
>
> 后来，我发现经常去的商场中，地面上有通往逃生通道的指示灯和指示箭头，孩子每次下地，如果看见那个箭头就会去踩一踩，于是我就索性按照指示箭头的方向去逛，拉着孩子不停地提醒他前面还有更多的小箭头可以踩一踩。
>
> 在这个过程中，孩子还会注意到某些卖店门口摆着的熊、猴子、小鸭子、狗这样的吉祥物，结果一路走过去，孩子低头会被箭头吸引，抬头又会被两边的吉祥物吸引，再加上有些店里的装饰五颜六色，孩子的注意力全都被有趣的东西吸引过去，都快把妈妈忘记了。
>
> 只在最后走累了的时候，才回头对妈妈说了一声"妈妈抱抱"。孩子累了，这时候的抱抱，我一定要给他啊！

　　能带给孩子不一样感觉的东西，才会让他不那么贪恋妈妈的怀抱，有了能吸引他注意力的东西，才能让我们的出行变得轻松一些。所以出行路上，我们也要善于观察孩子，注意看他对什么感兴趣，用他感兴趣的东西来转移他对妈妈怀抱的注意力。

当然，有时候孩子是不会那么容易妥协的，所以我们还是要有耐心，可以多找一找合适的东西，一旦孩子想要自己过去看了，就撒开手，跟在他身后，关注他想看的，将他的兴趣调动起来，以减少抱他的时间和次数，让他慢慢养成出门在外自己走路的好习惯。

"折腾大王"，一会儿工夫家里就乱成一团
——借机培养好习惯

每个有孩子的家庭，都会经历一段非同寻常的混乱阶段，在那段时间里，孩子会变身为"折腾大王"，毫不犹豫地将家里折腾得"翻天覆地"。

如果孩子只是玩玩具还好，可他并不满足于这些，他还会很随意地把他能够得到的、摸得着的感兴趣的东西一并也折腾一番。只要孩子在家，用不了多久，家里就会被他搞得"面目全非"。

家有3岁顽童，总是会把家里折腾得一团乱。家里沙发靠背很宽，属于孩子的绘本和一些毛绒玩具都会放在那里，方便拿取。但同时这也方便了孩子"折腾"，每次他都会一下子爬上沙发，只要一伸手就能很轻易地把沙发靠背上放的东西"扫荡"下来，书被扔得沙发上、地上哪里都有，玩具更是被抛得哪儿都是。但是他又不确定自己到底要什么，有时候扔得满沙发都是，他自己却还要去里面翻找。

除了在沙发上折腾，还在地面捣乱，而且更加"变本加厉"。他很喜欢小汽车，虽然家里小汽车玩具不多，但他也会全拿到地上，有的被他推着跑远，有的就在他的脚边停着，还有的四轮朝天或侧翻在地。只要一玩小汽车玩具，那些汽车就会全部出动，堵着走来走去的家人的路，一个不小心就会踢到，让家里也变得更乱。

原本被妈妈收拾得干干净净的屋子，能在几分钟内就大变样，妈妈尽管有时候会训斥，孩子依旧我行我素，甚至更起劲了。

孩子在家里制造混乱，往往并不是出于捣乱的本意，他只是不确定自己要干什么，但还是想要玩，所以他只能尽可能地寻找可以吸引他注意力的东西。再有一个原因，就是我们为他准备的东西太多了，很多妈妈出于疼爱心理，会给孩子买非常多的玩具，孩子应接不暇，难以做选择。

加上3岁前孩子的扔、抛等动作就是他在锻炼自己的手脑协调能力，他也很喜欢这种可以自由支配肢体的感觉。所以玩具在他手中就变成了随时可能被扔出去的东西，扔出去之后，他那种探究的、好奇的或兴奋的表情，也的确证明他并不是不小心失手的。

但没有几个妈妈能忍受这种杂乱的环境，所以我们也就一直都扮演着帮孩子收拾处理的角色，而孩子也已经习惯了自己即便折腾得再热闹，也会有妈妈帮他解决的这个生活模式。

综合所有原因，孩子就变成了家里的"折腾大王"，把屋子弄得一团乱。但从这些原因来看，我们也应该可以找到应对孩子这番折腾的方法。当然打骂指责是不行的，也是没有用的，妈妈们应该更有智慧地面对这些问题，并借此机会培养孩子的好习惯。

给孩子准备适当的玩具。

这里所说的"适当"的玩具，包括数量上和质量上的适当。玩具不需要太多，根据孩子的喜好来选择一些高质量的玩具就好。尤其是同类别的玩具，一两个就好，不要频繁地给他太多一样的玩具，否则孩子也会有"审美疲劳"。

而且，不要频繁地增加玩具，特别是在孩子还没想要的时候。其实我们买那么多玩具，多半都是自己想要和好奇的心理在作祟。有些妈妈可能小时候并没有那么多玩具，因此买的玩具会倾向于自己的喜好，这就完全没必要了，这会增加孩子选择的难度。特别是3岁之前的孩子，他还没有那么明显地意识到自己想要什么，所以不要买太多玩具，只要保证他有的玩就行。

提醒孩子玩一个拿一个收一个。

玩一个拿一个，可以保证孩子不会把所有玩具都倒出来，而且还能保证孩子玩得专心致志。不过孩子都不愿意被约束，所以我们就要在孩子玩玩具之前就提醒他，告诉他玩具不要一下都拿出来，玩一个放回去再换另一个，这样会比较有序。但是有的孩子喜欢让玩具包围的感觉，这样也是可以的，但是一定要提醒孩子玩具分批玩，也要一起放回去，然后才能拿下一批玩具。

这里有一个关键的问题，妈妈们一定要注意，那就是规则一定要提前告知孩子，不要等到孩子正在玩儿的时候再说，那样比较容易让孩子分心，不利于注意力的培养，也不容易被孩子接纳。所以从一开始就好好地跟他表达我们的建议，孩子也更容易接受。玩完一个玩具就收起一个的做法，也是在培养他随手收拾的好习惯，无形中也就培养了他爱整洁、讲秩序的好习惯。

有时候孩子可能会拿到他不喜欢的玩具，这时也要提醒他不能随便乱扔，而是应该同样让他把玩具放回去，然后再拿新的。

把归纳收拾的方法融入孩子的生活之中。

教孩子学习收拾整理，在生活中自然而然地就可以进行了。比如，平时我们准备好了合适的收纳盒子，把家中杂乱放置的物品都有条理地收进盒子里，然后再好好地摆放到合适的位置上。这个过程要让孩子看到，一边收拾也可以一边说"玩具们也都有家，让它们都回到自己的家里，这样大家小家都干净"。

收到了这样的提示，孩子也会有想要模仿的意愿。所以，他那被扔得到处都是的玩具，我们就不要那么勤快地马上就给他收好，同时也给他准备几个合适的盒子。有强大模仿能力的孩子，会很自觉地开始模仿我们的行为。如此几次，不用催促，他会从一开始的模仿，逐渐过渡到可以自觉完成这项工作。

给孩子限定游戏的范围。

有些游戏不管怎么玩都会把家里弄乱，比如手工折纸，孩子会把纸和纸屑弄得到处都是；如果是玩彩泥，家里指不定什么地方就会粘上彩泥，抠都抠不下来；若是玩用手指画画，那么手指上沾满了颜料的孩子一旦四处摸索，墙壁和家具就会"深受其害"；更有的孩子玩的东西不是玩具，而是趁着爸爸妈妈没注意，翻出来家里某些用品，比如纸杯、抽纸、棉签等，那他折腾起来可就更没谱儿了，而且有些东西，比如棉签的签棒也会给孩子带来更多的危险性。

所以，倒不如给孩子限定个游戏范围，为他圈定一个不会影响到他人的角落，告诉他在这个区域里他是可以随便玩的，但不能跨出这个区域，如果跨区玩耍，他可能会受到某个时间段内不能玩这样东西的惩罚。这样的划定区域，可以避免孩子在更大范围制造"灾难现场"。

从"合作"过渡到"独立承担"。

开始培养孩子学习收拾玩具时，我们可以和孩子一起，收拾凌乱的房间本来就是一项很艰巨的工程，刚学习收拾的孩子也不会那么快就收拾得令人满意。所以一开始可以和孩子合作来收拾，一来可以给孩子做示范，二来也能更快速地将房间收拾好。不过这种合作一定要分工明确，如一个人拿着收纳盒，一个人往里面放玩具。和妈妈一起收拾玩具，对孩子来说也是一件有意思的事。

不过，我们不能总是和他合作，要慢慢减少合作的次数和合作的内容，过程中多提醒孩子主动做些事情，我们要慢慢地越来越"被动"，将更多的收拾机会留给孩子，将收拾玩具这样的事，逐渐交到孩子自己手里。

吃手，还是吃手——手口敏感期、依恋心理、肛欲期等

吃手，是每个孩子都会有的表现，从婴儿时期到幼儿时期，孩子吃手是很常见的事。这是因为孩子会经历口和手的敏感期，同时孩子也会从吃手的过程中获取一些只有他自己才能体会的美好感觉。

尽管知道孩子会经历手口敏感期，尽管已经了解到孩子可能会在一段时间里有吃手的行为，可是当孩子真的在很认真地吃手，我们总是会下意识地想要去纠正这一行为。就算知道这是孩子成长发育过程中的必经之路，我们也依然对吃手这个行为表现得不那么容易接受。我们会担心，手上有细菌吃到肚子里怎么办？吃手的习惯一旦养成戒不掉怎么办？

在这些不能接受之中，尤其是三四岁的孩子还吃手这一点，会让我们格外不能忍受。对于此，我们会采取很多措施来纠正他的行为，比如，迫不及待地带他去医院，想用治疗的手段来纠正吃手的行为；也会担心孩子是不是故意在和我们作对，并想用训斥的方式来阻止他吃手；当然还有的妈妈则担心孩子是不是心理有问题，生怕他会有什么心理疾病，因此不惜用各种手段想让他恢复正常心理。

　　　　有位妈妈从怀孕时起，就看了很多育儿的书籍，所以当孩子吃手的时候，她也没觉得太在意，也没有制止过。

　　　　可是后来她发现，孩子一直到3岁都在吃手，一到累了、困了，或者早上刚睡醒的时候，他都会吃手，小手指中间都被吃得长出了大茧包，可他还是没有停下的意思。

　　　　妈妈开始焦虑了，甚至有些后悔当初让孩子吃手了，她觉得如果当初制止了孩子，现在他是不是已经改掉了这个毛病呢？

　　我们之所以那么不愿意让孩子吃手，也是有各种原因的。孩子的手总是处于四处探索中，尽管我们会密切关注孩子，但还是会在某些时候看不住他，指不定他会摸到什么东西，如果再把摸了各种脏东西的手放进嘴里，这无疑也就增加了孩子的患病概率。

　　而且，同年龄段的孩子如果在一起玩，别的孩子都没有吃手，可就我们的孩子还总是把手放进嘴里含着，这无疑会让我们感到难为情。心想这么大的孩子还在吃手，简直不像样。

　　这个时候，尽管我们知道孩子吃手是必然的，但还是会感到焦虑。一个忍不住，我们要么是拉着孩子赶紧离开大群体，要么就是不断地训斥他"这么大了还吃手，真让人害羞"。

　　总之，我们的目的就是赶紧让孩子停下来，可往往事与愿违，我们越焦虑，孩子吃手反倒吃得越"勤快"，这无疑更加剧了我们的焦虑情绪。这种情绪已经彻底让我们失去了冷静思考的能力，导致我们无法去正视孩子吃手的原因，这才会导致我们做出错误的判断。

其实我们没必要这么焦虑，对这件事了解得越透彻，也就越能理解孩子的行为。孩子之所以会吃手，有一个原因很重要，那就是他没有别的事情可做，如果他有自己可以做的事，那么他的注意力自然会转移，也就不会只能无聊地吃手了。如果那项事物很合他的心意，他的兴趣会越来越浓厚，用不了多久，他的手就会从嘴的控制中解放出来，转而去做其他的事情。

除此之外，孩子吃手也是一种依恋心理，内心空虚，找不到可以依赖的人或物，便会吃手。这时就要轮到我们好好思考了，对孩子的爱是不是偏离了方向？对他是不是太过严厉，要求是不是太多？孩子越感到紧张和焦虑，就会越迷恋吃手这种行为。这时，妈妈的爱才是最好的"良药"，多给孩子一些温暖的感觉和安定的感觉，用讲故事、聊天、带着他做其他游戏等活动，来转移他对吃手的依赖。我们一定要有耐心，不能嘲笑也不能因此而变得烦躁或苦恼，我们的任何情绪变化，都将让孩子更加依恋吃手这件事。

另外，还有一种情况下孩子也会吃手，那就是他进入了肛欲期。孩子从两岁半左右，括约肌的发育导致大脑开始控制括约肌。从这时开始，孩子就从一种自然反射式的排泄过渡到了经过思考和判断来自我控制排泄的阶段。这时的孩子会通过憋着和排放来体验排泄带给他的快乐感觉。

这时的孩子会出现口唇的触觉愉快感，可能又会重新有尿裤子、拉裤子的现象，还会将手指放在嘴里搅来搅去，看见什么东西都可能会去啃一啃。

作为妈妈，这些都是不能容忍的现象。但是，这一切都是孩子正常生长的表现，而且是阶段性的。我们只需要多和孩子交流，多与他互动，引开他的注意力，同时正向引导，不过分关注他此时的行为，这种现象随着成长就会慢慢消失。

总之，孩子吃手也不是什么大问题，关键就看我们是不是能找到正确的应对方法，不管是孩子一直在吃手，还是他以前不吃手，后来又出现吃手的现象，我们都需要多方面考虑，综合上面的原因来分析，找到确切的原因之后"对症下药"就好。

首先我们一定要给孩子洗干净手，也要培养他经常洗手的好习惯。这样就算退一步讲，孩子即便是吃手，也相对会安全一些。

与此同时，我们也要为孩子的生活增添更多的色彩，平时多一些活动，鼓励孩子多动手，如果有机会就和他一起参与一些活动，让孩子动起来。也可以培养他多一些兴趣，多带孩子出门接触更多的事物，让他的世界充满新鲜有趣的事物，这样他的注意力就会从吃手上转移开。

平时我们对孩子也要有耐心，更要有爱心，满足他最基本的爱的需求，让他内心充满安全感，这样也能减少他吃手的次数。

如果孩子已经吃手吃得很严重了，也不要太过着急，尤其是不要强迫孩子，训斥他更不是好方法，此时最重要的还是要让他感受到爱，然后结合前面提到的方法，让他能慢慢改掉吃手的毛病。

重复做一件事还乐此不疲——完善儿童的心理感觉过程

经常重复做同一件事情，在很多成年人看来是很枯燥的。比如有些技术工人，每日的技术加工工作就是无数次的重复，可是这是为了生计而进行的工作，所以抱怨不得。但如果是平时没事的时候，让我们总是重复做同一件事情，这就会让人觉得无聊了。

但是，同样的情况放在孩子身上就大不一样了，在某些时候，孩子就会重复做同一件事情，而且不厌其烦，不知疲倦。非要等他自己觉得差不多了，或者达到了某种目的时，这项工作才算做完。而做完之后的他，没有一点不耐烦，反倒是一副心满意足的样子。

"孩子重复做同一件事"这件事，在我们看来有些无聊，甚至有些浪费时间，因为我们实在看不出来他从这件重复的工作中有何收获，因此疑惑不解。

但是，重复做事，却让孩子收获了满足与快乐。蒙台梭利说："如果重复进行练习，就会完善儿童的心理感觉过程。……反复练习是儿童的智力体操。"

虽然一遍又一遍地重复，但每一遍的重复都会给孩子带来不同的感受和收获。举个简单的例子，孩子都喜欢听故事，可是他并不会总期待听到新故事，相反的，同一个故事他却可以连续听上好几遍，尽管每一遍的内容都一样，可他从中获得的收获却是新鲜的。

在其他方面也是如此，比如感觉训练，孩子会通过一遍又一遍地触摸来感觉他摸到的是什么东西，并逐渐在大脑中建立起这个东西的概念。孩子对世界的认识，一定都是从感觉开始，通过不断地用感觉器官去感知，然后再通过大脑的组织、分类、归纳，最终才能获得一个准确的概念。

所以，重复对于孩子来说就是不断加深感觉，不断建立概念的一个过程，而且这也是他在培养自己的专注力的一个重要过程，不能轻易就去打扰他。

一位妈妈给孩子拿来一小瓶酸奶，吸管扎进了酸奶中，妈妈拿着瓶子让孩子喝。可是孩子强烈要求自己拿着，妈妈索性便把瓶子递了过去。

孩子一手拿着瓶子，一手立刻把吸管抽了出来，吸管尾端还留有一点酸奶，孩子把吸管尾端放进了嘴里，尝到了味道，他有些高兴。

接着，他又把吸管对准小孔要插进去，但显然他的手没有那么稳，反复好几次才把吸管插进去，然后马上又拔出来，依然是去尝吸管尾端的那一点点酸奶。

反复多次，孩子不厌其烦，好几分钟过去，他一直在重复这一系列动作。但是熟练度一直在变化，很快他的手就能很准确地对准瓶子上的小孔插进去，然后再拔出来品尝酸奶，动作流畅极了。

"哦，原来是在练习怎样插吸管"，就在妈妈"恍然大悟"之际，孩子却改变了动作，他把吸管插进了瓶子上的小孔，再拔出来，小孔周围留下了酸奶，孩子伸出了小舌头去舔，接下来的事情我们都可以预料到，这样的动作他又是一直在重复。直到他尝够了，这才把吸管又重新插回到瓶子中，这回他很"正常"地吸了几口，直到瓶子被吸空。小小一瓶酸奶，从打开到喝完，孩子用了40分钟。

妈妈一边收拾家务，一直看着孩子的动作，防止他扎伤自己，其他的就没再管了，自始至终孩子都沉浸在自己的小世界里，开开心心地"工作"着。虽然其间酸奶也被孩子弄得脸上、身上、桌子上、沙发上都是，妈妈却没有阻止他。

妈妈发现，孩子通过自己反复的动作，摸索到了用什么方法喝酸奶最快，用什么方法喝酸奶最好玩，而且他已经可以很准确地将吸管插进小孔中了。

　　有的妈妈可能觉得孩子的重复练习是很浪费时间的，就像这位妈妈允许孩子做的一样，一小瓶酸奶，孩子却喝了40分钟，还弄得到处都是，从保持干净和节约时间的角度来说，这是不合适的。但是，孩子在这个重复的过程中有了自己的发现与收获，这恰恰是最珍贵的，是无可替代的学习过程。

　　所以，当幼小的孩子在重复做事时，我们最不应该做的事情就是干涉。作为妈妈，要给予孩子独立探索和学习的空间与时间。

　　在保证安全的前提下，不干涉孩子的重复行为。

　　孩子可以在任何时候开始任何一种重复行为，而我们在能保证他人身安全的前提下，其他的什么都不要管，任由孩子自己去重复就好。

　　我们需要忍受的是孩子做事过程中可能带来的"脏乱差"等现象，在他认真重复做事时，不要随便就去说他，至于说衣服脏了或哪里被弄乱了，这并不是什么了不得的事情，一切等孩子尽了兴之后再处理也不迟。

　　要注意一点，不要让孩子拿着危险的工具、物品玩耍，提醒他远离或干脆将他带离危险地点，不要让他误食非食品的东西。

　　积极地配合孩子，是"配合"而不是"掌控"。

　　孩子在进行自我重复的过程中可能也会经历一些自己处理不了的事情，此时他可能会向我们求助，那么我们就好好地和他配合就好。只不过，这种配合不是掌控，我们不要参与太多，只是按照他所说的好好做就行。比如，孩子可能只是想让我们帮他取一件放在高处的小盒子，或者帮他举着杯子，那我们就好好地做就好，不用有多余的动作和建议。

至于说我们感觉孩子做得不好，或者觉得他的动作太笨，这些都是需要孩子自己去经历的，他可以在一次次重复中发现最正确、更有利的处理办法。换句话说，一切笨拙和生疏的地方，正是孩子想要自己面对和克服的部分，我们要做的就是信任孩子，给他充分的自由去探索和实践。

不要妄自猜测孩子的想法，顺其自然就好。

有时候孩子的重复看上去真的是没什么意义，但即便如此，也不要随便猜测他的想法，还是那句话，给他自由就好。

> 有位妈妈就发现，孩子对家里刚买来的小桶很感兴趣，他会把两只脚都踩进桶里，然后手扶着凳子，做几个下蹲动作，然后再把两只脚都拿出来，如果弄倒了桶，他还会再把桶扶起来摆好，继续重复之前的动作。
>
> 如此反复了好久，半个小时过去了，孩子才心满意足地把小桶拿起来递到了妈妈手里。
>
> 至于说孩子当时为什么这么做，是想要证明什么还是探索什么，妈妈没问，因为她发现孩子做完这重复的事情之后表情很满意，因此也就随他去了。

孩子的心思我们猜不透，那就不要猜，他总会有自己的想法，也会有自己的感受。成长路上孩子的心灵和大脑，也自有其"成长密码"。我们只是给孩子提供相应的自由，不要去干涉他自由发展的脚步就好了。而一个愿意陪伴孩子成长，并给予孩子充分成长自由的妈妈，是孩子成长路上最大的助力。

我的我的，都是我的——变"小气"，有了物权归属意识，分清我和你

"这个玩具是我的！"两岁多的孩子，很多时候都喜欢这样的表达，不只是玩具，"妈妈是我的""好吃的是我的""小弟弟是我的"……很多人和很多东西，孩子都非常讨厌与人分享。

一位妈妈讲了这样一件事：

> 我带着1岁半的女儿在外面散步，走到社区小广场时，一群大大小小的孩子都凑在一起，我也走过去，把孩子放了下来。女儿被旁边放着的一辆小滑板车吸引了，她摇摇晃晃地走过去想要摸一摸。可就在这时，一个两三岁的小男孩冲了过来，一把把滑板车拽到了自己身后说："这是我的，不许摸！"女儿一愣，转回头摇摇晃晃地扑了回来，她显然被吓到了。
>
> 小男孩的爸爸就在一旁，他训斥道："让小妹妹玩一下怎么了，怎么能那么小气！太自私了！"可小男孩却依旧不肯放手，还和爸爸闹了起来。
>
> 我一开始也觉得这个小男孩怎么会不懂得分享，但是一想到他的年龄，这个孩子刚好处在对物权意识相当敏感的时期，所以这也算不得他小气。如果下次能再碰到小男孩和他的爸爸，我想我应该和这位爸爸说一声，免得再让孩子受委屈。

很多妈妈也和这位爸爸一样，更希望孩子能够成为大方的人，如果能

主动把自己的东西拿去与人分享就更好了。可孩子两岁之后，其表现却总是不能如我们所愿，他总是会特别维护那些被他标记为"我的"的东西，对于这些东西他无时无刻不想"霸占"，分享是不可能的事情。

这时候的孩子的"哲学"就是"我的我的，什么都是我的"，这其实代表他进入了物权意识敏感期，他在进行物权归属的练习，通过对某些事物归属权的确认，来更好地判断和认知他与周围事物的关系。

虽然这个时期不会持续太长，但却很关键，孩子只有先体验过拥有，先确定了物权意识，知道哪些东西是属于自己的，是别人拿不走的，接下来才可能将属于他的东西与别人分享。否则，在孩子还没有建立起这个意识的时候，我们只是因为他没有与人分享，就直接指责他是自私的，强调他是小气的，这样会导致他产生混乱感，他也就不能确定标记"我的"这个行为是不是可行，他也就无法准确判断哪些东西是可以属于他的了。

而如果孩子没有了物权归属的意识，这对于他的未来生活将是一个隐患。他对事物归属的边界始终是不清晰的，比如，他可能将属于自己的重要东西轻易送人，也可能会将他人重要的东西随便就归为己有，显然这两种表现都是危险的行为。

所以，当孩子开始进入物权意识敏感时期，我们要管理好自己的情绪，不要轻易就为眼前所见的孩子的"自私"表现而挑动，更不要为了维护所谓的面子就说出伤害孩子的话。

对于孩子所说的任何一句"这是我的"的话，都要认真对待，这时别太较真，尤其是他很明显地维护那些本来就属于他的东西的时候，顺着他的意思就好，向他明确那的确是他的东西，给他吃一颗定心丸，这也会帮助他尽快地建立起物权归属感。

如果是像前面那个小男孩一样在外面表现出了"自私"行为，我们不妨先向对方道歉，但不要转头就训斥孩子，告诉他妈妈明白这是他在保护自己的东西，是正确的行为。但是语气吓到了小妹妹，这是不对的，小妹妹只是想看看这辆滑板车，并不是想拿走它，如果他不同意，小妹妹是不会动他的东西的。妈妈如果能这样对孩子进行开导，孩子内心就会觉得安全，也会理解小妹妹的用意，他紧绷的情绪就会放松下来。

而有的人对孩子总有一种逗弄的心理，会故意拿走孩子已经表明是"我的"的东西，非要逗着孩子闹起来，然后再去数落他小气。

这种行为是一定要被禁止的，孩子在建立他的物权意识的时期，这种做法就是在破坏他的建立过程，孩子会感到难过，而且那种属于自己的东西被抢走的感觉也会更加强烈，这种感觉如果一直存在，显然会让孩子产生不安全感。

作为父母，一定不要这样去逗弄孩子，如果出门在外遇到了这样的人想要逗弄孩子，此时，我们可以放弃维护自己的面子，选择坚决远离或制止他人的这种行为。孩子的感受和成长，比我们成人的面子重要多了，如果要取舍的话，我们宁可不要面子，也要去维护孩子正常的心理发育，保证他安全感的建立。

那么，我们是需要一直"放纵"孩子的"自私"行为吗？当然不是。前面也提到了，孩子这种不断地强调"我的"的时期不会太长，一般来说，半年到1年的时间也就差不多了，两三岁是集中"爆发"的年龄段，不过不同的孩子时间长短不一，还是要以通过观察孩子自身的特点来确定。到了合适的时间，我们就可以找机会来引导他从"我的"这样的专属态度，向分享过渡。

比如，如果遇到了别的孩子向自家孩子分享玩具的时候，我们就可以问他"别的小朋友把自己喜欢的玩具拿给你玩了，你觉得高兴吗"，如果他点头表示认同，那就趁势向他提出"下次你也可以把自己的玩具拿给他们玩，他们也会和你一样高兴的"。

在最开始，用不着说很多提醒孩子要分享的话，要给他一个过渡的时间，不要强迫他立刻变得大方起来。不过，类似这样的场景都是引导孩子学会分享的机会，所以多让他和其他孩子玩耍，当他发现小朋友都是在分享的时候，他也会慢慢试着将自己的东西拿出来与人分享。

不过，孩子在这个过程中可能会经历一些心理斗争。当孩子终于有一天肯让出自己的玩具给别人时，我们要鼓励他，同时也要告诉他，这个玩具是属于他的，别人玩一会儿是会还回来的，所以他不会因为把玩具拿给他人就失去了对玩具的掌控权。

当他把玩具拿给别人时，别人也获得了快乐，而他也同样在拿到别人玩具时获得了快乐。一旦能体会到这其中的快乐，孩子自然也就慢慢地学会并愿意分享了。大部分的孩子，3岁前后，都能顺利地进入分享阶段。

另外，还有一点要注意，要学会接受来自孩子的分享。孩子分享的苗头更多地出现在分享食物中，当他把自己心爱的零食拿给我们的时候，我们一定要欣然接受，就算我们内心并不想要，就算我们顾虑他的食物是宝宝专门享用的，此时也不用客气，一并笑纳就好了。千万不要说，妈妈不吃，宝宝吃就好了，这是宝宝的好吃的。一次两次孩子还会坚持把好吃的给你，当次数多了，孩子也就放弃和你分享美食了。等到他大一些的时候，你再想让他跟你分享一下他手中的美食，他会习惯性地拒绝，因为长时间养成的习惯，让他认为他的美食就是他独有的，别人想要的话"没得商量"。所以说，分享也是一种习惯，当孩子习惯于分享，那他就可以体会到分享的快乐。

妈妈在这个过程中要好好观察，既要理解孩子对于事物归属的"偏执"，也要积极引导，当孩子顺利跨越物权敏感期之后，他对物品就会有十足的安全感，此时引导孩子去分享，就是顺理成章的事了。

为什么要撒谎？——实现他自己当下的某种需要

撒谎是很多人都不能接受的一种行为，不够诚实意味着不能被信任，一个谎话连篇的人自然也就无法获得周围人的好感。作为妈妈，都特别忌讳孩子撒谎这件事，一想到小小年纪就学会了欺骗，很多妈妈是绝对不能忍受的。可是孩子撒谎的行为，真的是我们所理解的那个"撒谎"吗？

一位爸爸给3岁的孩子买来一罐糖豆，妈妈怕孩子吃多了会影响正常吃饭，也怕会导致蛀牙，便对孩子说："每次只能吃一粒，多了就不让吃了。"

孩子点点头。

可很快，妈妈发现了孩子的"秘密"，每次他都多拿好几粒，根本没有遵守和妈妈的约定，一次只吃一粒。

妈妈有些生气，问孩子："妈妈让你每次吃几粒？"

"一粒。"孩子回答。

"那你吃了多少？"妈妈严肃地问。

孩子却回答："一粒嘛。"

妈妈惊讶极了，孩子说得很认真，但他嘴里那若隐若现的两粒糖豆还真是"出卖"了他。随即妈妈就有些生气了，觉得这么小的孩子居然就学会了撒谎，这不是什么好现象，一定要好好"修理"他一下，省得以后再犯。

63

这个孩子为什么撒谎？因为他想要能多品尝一下糖豆那让他感到愉悦的味道，可妈妈已经给他定了规矩，一次只能吃一粒，那么为了满足自己的需求，他便选择了对妈妈隐瞒真相，这一切都不过是出于他自己的需要。

我们一直习惯性认为，孩子都是天真无邪的，也都知道"童言无忌"，知道他会毫不犹豫地将事实表达出来，要不然也就不会有敢于揭露"皇帝的新装"的孩子存在了，所以我们都坚信，孩子表达出来的就是真实的。但事实上，孩子的确会撒谎。

孩子的撒谎，其实并不是他有心想要欺骗谁，他甚至可能都不清楚自己做了什么，只不过他内心的目的却很明确，就是要实现自己当下的需要。显然这种程度的"撒谎"，与道德无关，孩子的经验和记忆水平有限，对事物的阐述肯定会与真实情况存在差异，而这种差异可能只是孩子为了博取我们的关注或获得我们的夸奖、喜欢而"捏造的事实"。同时，为了能实现他自己的目的，孩子也会不顾及事实的真相，比如他会用"是猫咪打翻了水瓶"这种谎话，来保护自己不受指责。

也就是说，很小的孩子并不能很明确地区分事实与谎言，所以他也就不会知道说谎是不能被容忍的事情，在他的头脑里，对"说谎"的概念不明确，他只是从本能出发在维护自己的利益。但随着成长，孩子如果依旧对说谎习惯成自然的话，也并不是什么好的发展趋势，所以我们可以参考以下建议。

不要总是提醒孩子"好孩子不说谎"。

当孩子说谎之后，有的妈妈会用"好孩子不说谎"来提醒孩子要注意自己的言行，并希望孩子能有所改正。可是，前面也提到了，孩子并不能明白真实与谎言的区分，听到这样的提醒，他会陷入两难境地，一方面想做好孩子，但又不知道怎样才算不说谎；另一方面则是他依然不知道自己哪句话是不合适的，毕竟在他看来，出于保护自己或者取悦妈妈的目的所说的话，都是为了达到目的而说的，都是正常的。

对待孩子的话，我们也可以更宽容一些，不要一上来就上升到道德层面去进行教育，如果他的话与事实不相符，不要直接就说他说谎，而是要多站在他的角度去想想看，了解他这样说的目的，最好是多和他聊聊，不要一上来就给他贴上"说谎的坏孩子"的标签。

当然有时候孩子是为了逃避责任，这时也别急着戳穿他的谎言，给他一点时间和空间，巧妙地"邀请"他来帮助我们收拾残局，让他意识到解决问题是最重要的，而我们也要控制好情绪，不要把关注的焦点放到已经犯下的错误上，先引导孩子尽量去弥补犯下的错误，等到该做的都做完了，这时，妈妈再和孩子沟通一下，让孩子明白不要为了逃避而说谎，犯错不可怕，犯了错误要诚实面对并想办法弥补才是最勇敢的孩子。

减少孩子说谎的机会。

在一个充满严厉气氛的家庭中，孩子可能更容易说谎，因为他想要取悦父母，也想要保护自我。而相反地，在一个较为温馨的家庭中，孩子会更自由一些，不用刻意取悦，也不用为了逃避惩罚而说谎来寻求自我保护。

所以，从这个角度来说，营造一种温馨的家庭氛围，更有助于养成孩子的诚实品质。当孩子感觉到，即使闯了祸，只要说出真相，也不会被过分指责甚至受到很严重的惩罚；即便没有做让妈妈高兴的事情，但妈妈也一样爱他，这样孩子会发现讲真话对他来说是没有坏处的，不仅如此，诚实还会受到表扬，因此，他会更乐于表达真实的自我。

所以，平时我们不要总是端着一副父母的架子，总展现出一副挑剔的样子，与孩子相处要平和，多让他感受到爱，感受到安全感。同时我们自己也要做到诚实待人，平时生活中多讲真话，给孩子做个好榜样，让他能有样学样，做个诚实的人。

理智对待孩子用谎言掩盖的事实。

既然孩子能想到用谎言来掩盖事实，那多半那件事都不是什么好事，但不管他犯下了多么严重的错误，对于这么小的孩子来说，直接而严厉地惩罚可能会招致孩子的恐惧心理，这也是他宁愿说谎来保护自己的原因。而且，有些妈妈平时就对孩子严厉得过了头，孩子被压得喘不过气来，也会想办法为自己狡辩，让自己逃避严厉的对待。

所以，当孩子犯了错之后，事实已然如此，我们也要接受那些事实，同时还应该提醒孩子"诚实比什么都重要"，另外，在询问孩子过程中，我们的口气、态度、声调都要调整好，我们的真诚多半也会换来孩子的真诚。这也是在向孩子表明我们的态度，让他意识到，我们更欢迎他的诚实。

切记一点，不要逼迫孩子承认错误，不管是他已经犯下的错误，还是说谎这个错误，孩子并不愿意经历这个过程，他也有羞耻心，所以在你知我知这种情况下，给他留一些尊严还是有必要的。语气可以严厉一些，但不需要暴跳如雷，只要很明白地将问题、道理都摆出来就好，引导孩子自己认识到问题的严重性，同时也要让他知道说谎不是好习惯，让他能发自内心地有羞耻心，这样他才能主动地改掉说谎的毛病。

说令人难以忍受的脏话、狠话——感受语言的力量，发泄情绪

一位妈妈讲了这样一件事：

快两岁的女儿和姥爷一起玩，姥爷给女儿背古诗，装着背不下去眉头紧锁，女儿歪着头看着姥爷皱着眉头想事情的样子，忽然她一句话出口："姥爷，老糊涂了。"

陪在一旁的姥姥和姥爷先是一愣，然后都大笑了起来。

姥姥把这件事当成了笑话，讲给我听，说女儿不知道什么时候学会了这么一句，虽然不好听但却很贴切。可是我却觉得有些不舒服，小小的人儿，怎么忽然开始说脏话了呢？这刚学说话就有脏话出口了，日后可怎么办？她可还是个小女孩，想想以后她如果真的脏话连篇，我还真是有点担心了。

都说童言无忌，但在有些时候听到孩子随口一句脏话出来，着实让人很不舒服。作为妈妈，听到自己孩子口中冒出不好听的脏话，感到焦虑也是自然的。

不过，要解决问题，就先要搞清楚问题的原因，从原因去找解决方法会更为容易。那么我们来看看，孩子为什么会说脏话呢？

就前面那个不到两岁的孩子的情况来看，最开始孩子说脏话只是一种模仿。刚学说话的时候，孩子的模仿能力非常强，不管别人说了什么，他都会照单全收地重复一遍，哪怕那话是不好的，他也会重复。

但孩子是没有恶意的，他也不知道自己模仿了什么，他只是模仿了一句话的发音和表达。因为这时候他觉得说话还是一件很好玩的事情，能像成年人那样发音表达，对他来说就是一件新鲜事，所以他才学得乐此不疲。

随着成长，孩子能学到的话越来越多，如果其中也不乏脏话，而且还没有人阻止他，再加上他也会观察某些话对周围人的影响。当他发现说脏话会给周围人带来很不一样的反应时，他就会将说脏话当成是一个非常有意思的游戏，并且逐渐习惯这个游戏。

这时候的孩子，也依然是一种为了追求快乐而讲脏话的状态，这时的他说脏话，纯粹是为了好玩。

再长大一些，3岁以上的孩子，已经有了一定的自我意识了，对于很多话他也能理解并听懂了，也就是说有些脏话他也能理解是什么意思了。这时，说脏话对他来说就变成了主动性行为，他会选择特定的对象说脏话，也会在特定的时刻说脏话，比如，当他和小伙伴发生矛盾时，他会激动地说脏话；当他受了欺负时，他也会为了自保而被迫说脏话。这时的孩子，是在借由脏话来发泄自己的不满。

显然孩子习惯说脏话是一个"过程"，只不过这个过程的长短却是可以由我们来控制的。我们无法彻底避免孩子学习说脏话，但却可以用最短的时间来让他摆脱说脏话，而这其中就需要我们利用智慧了。

不过有些妈妈觉得，对待说脏话的孩子，粗暴强硬就好，越是直接地告诉他什么是不好的，他记得越深刻。但是，我们横眉立目甚至大声训斥的形象，也许会起到一定效果，但也不排除这样一种可能：孩子会发现，原来他说脏话可以引发我们如此大的反应，特别是那些平时总也得不到妈妈更多关注的孩子，这对他来说却反而会成为他操控我们情绪的手段。

这就是为何，一些生活中缺少父母关注的孩子，会用说脏话的方式来调动大人的情绪，吸引大人的注意。孩子都是非常聪明的，我们可不要只顾着好心却用错了方法，最终事与愿违。

所以，对待说脏话的孩子，只能用智慧和理智去征服他，这是不争的事实。

首先要做的是净化孩子周边的语言环境，从家庭内部开始，不管是什么时候，语言表达都要合理且有礼，即便是在气愤、焦躁的时刻，也不要让脏话流出。孩子的耳朵是灵敏的，我们任何"小差错"，都会被他敏锐地捕捉到并学会。

此外，我们平时也要多看好书，多看好的电视节目，远离那些张口闭口不离脏字的无聊影视剧；与家人交流的时候，尽量做到心平气和；在外尽管遇到了紧急或令人气愤的事，也要时刻约束自己，不要出口成"脏"。提升我们自身的涵养，孩子也会在我们的言谈举止中有所收获。毕竟孩子周围的环境是我们创造的，妈妈从一开始就要严格要求自己，孩子在纯净的氛围中，一定能得到美和善的熏陶。

我们可以为孩子净化家中的磁场，但是外面的环境我们很难控制。很多妈妈经常会听见孩子说一些我们不可能说出口的脏话，别心急，别暴躁，平静地问他从哪里学来的，如果是周围孩子们的笑闹，可以暂时让孩子远离这样的环境。也可以在合适的时机，用委婉的话语来提醒其他孩子的爸爸妈妈，大家共同阻止脏话进入孩子们的生活。

同时，我们也要告诉孩子，我们不可能完全控制别人的头脑和嘴巴，但是人做事情要有选择，比如说脏话这件事，不是一件很可笑的事情，不能用来开玩笑，说脏话这件事，会让听到的人感觉很不舒服，这是一件羞耻的事情，即使别人在做，我们也不要去学。我们要选择做一个好孩子。

另外，面对孩子说脏话时我们的反应也很重要。如果我们对他脱口而出的脏话反应很大，立即跳起脚来或用行动来制止，都会让孩子觉得自己这句话是很有力量的，他是可以操控父母的情绪的。我们这种反应，从另一个角度来说，相当于鼓励了孩子要去继续尝试说脏话的行为。因为这句话太有用了，太有力量了，他明知道我们不喜欢，却有意无意地总是会试探性地启动这个"机关"，欣赏这句脏话带来的威力。

所以，面对孩子说出口的脏话，不用在意他说了什么，不要很急切地去阻止。保持理智最重要，平静的态度最重要。当孩子发现这些脏话对我们不起作用时，他也就不再那么热衷于讲这些话了。

等他也能平静下来的时候，我们再告诉他，为什么不可以说脏话，这样理智明确地表明自己的态度，会让孩子更理解我们的意图。

当然，有时候孩子会因为与他人发生摩擦或自己受了委屈而讲脏话，这时也要提醒他，有事情要讲出来，但是不能骂出来，讲脏话可能会让自己彻底失去一个朋友，但如果宽容一些的话，没准儿他会收到对方的道歉，而两个人也会成为好朋友。

最重要的是要让孩子学会自我控制，孩子3岁后上了幼儿园，白天就离开了我们的视线，所以，让孩子知道对错及学会自我控制是很重要的一件事情。所以平时的基本道德教育不能少，尤其是当孩子生气的时候，引导他通过正当的途径去发泄，告诉他可以讲出不高兴的事情，但不能用脏话去发泄，引导孩子学会正确疏导情绪，培养他的乐观与积极向上的性格。

另外，对于特别缺少陪伴的孩子，就要了解他的内心情况了，要看看我们是不是缺少对孩子的陪伴与关爱，才让他用说脏话的方式来获取妈妈的关注。对于这种情况，一定要多陪伴孩子，让孩子感受到我们对他的爱，他能感受到妈妈对他是在乎的，也就不再用说脏话的方式来吸引妈妈的注意了。

第三章

叛逆不是孩子的错，父母的
养育方式是关键

　　处于第一个叛逆期的孩子年龄尚小，多说也听不懂，道理也听不进，很多时候令妈妈们感到束手无策。但是，也并非没有解决之道。如果我们能采取正确的养育方式，跟上孩子成长的脚步，孩子自然会变得越来越懂事。换句话说，"叛逆"不是孩子的错，是孩子有独立意识的表现。而大多数时候孩子叛逆的表现，与父母的养育方式息息相关，父母要作出改变，才能跟孩子一起成长。

孩子的问题，可以在父母身上找到根源

用复印机印文件，原件如果是准确无误的，复印件定然没有问题。相反，若是原件本身出了问题，那么不管复印件有多少，也终究是有问题的。要纠正这个问题，就必须在原件上下功夫。

父母与孩子之间，也可以被比喻成原件与复印件的关系，所以若是孩子出了问题，可就要多在父母身上找根源了。

之所以要这样说，是因为孩子的生长特性所决定的。孩子拥有强大的模仿能力，特别是在他人生的头三年，对各种事物充满新鲜感，除却自我探索，他还会通过模仿周围的人来学习为人处世。而身为父母的我们就是他身边最好的模仿对象。

如果我们表现良好，孩子自然也会学得有模有样，但如果在孩子身上发现了问题，那么多半都是我们自身言语或行为等出了差错，这才导致他学错了内容。

正所谓"行有不得，反求诸己"，如果事情没有成功、出了差错，就应该从自己身上找原因，先解决了自己的问题，孩子的问题才会相对好解决。

举一个简单的例子，很多孩子在外人面前是很没有礼貌的，不懂得尊重，不懂得礼让。那么是什么原因导致了这个结果呢?

一个原因是这个孩子从来没有经历过"礼貌待人"，也就是从来没有受到过礼貌的对待，而他自然也就没有办法了解礼貌对待他人到底是怎样一种情形。

还有一个原因则是没有人教他学习礼貌待人，无从学习，当然也就不知道怎样做才算是礼貌待人。如此一来，孩子在众人面前的表现也就大胆得多，多数情况下都只是顺从自己的意愿"为所欲为"。只要自己高兴，甚至是打人骂人都毫无愧疚之心。

可一旦孩子因为没有礼貌而受到了他人的指责时，我们却也会加入指责的行列，随声附和他人的指责，同时再加上几句训斥以示我们对这种情况也是很气愤的。也许直到这个时候，我们才意识到没有教育孩子要懂礼貌，可是这时的我们却也只顾着自己的面子，而不再关心其他了。

那么这个时候的孩子一定是疑惑的。试想，如果有人用一件我们从来没经历过的事情来指责我们，那我们的内心是怎样的呢? 愤怒，委屈，想要立刻反驳以洗清自己……其实孩子也是这种感觉。所以此时，还是应该反思一下自己，尽快给孩子补上礼貌这一课才对。

人具有强大的学习能力，孩童时期更是学习的主要时期，所以孩子可以很容易地学会知识、掌握各种能力。有人认为，孩子的成长既然是要顺从于自然的，那很多东西孩子也应该自然而然就具备。但事实并非如此，孩子身上可能出现的任何一种正确的行为表现，都是需要有人教育的，而且不仅要将正确的事情告诉他，还要对他进行反复的训练，这样才能使好行为在他身上"定型"。而在这个过程中，一旦我们没有细心指导，孩子可能就会出现行为偏差。

当然，孩子也会从他身处的环境中进行学习，如果这个环境本身就存在隐患，势必也会导致他日后犯下错误。如若真是如此，那么这个让孩子"变坏"的契机，其实还是我们一手造成的。因为我们从一开始就没有给他正确的引导，没有提醒过他什么是不能接触的，没有让他注意远离有害的人和事物，当孩子一旦被新奇又不良的事物所吸引，又缺少我们所教给他的保护措施，孩子的发展就会日渐偏离正规。

所以，如果孩子出了问题，不要先从孩子身上找原因，这个问题的根源很可能是在我们自身。就如同一部电脑裸机，只有硬件系统，没有任何软件系统，为了让它运行起来，我们需要给他安装软件，可是在安装过程中，一旦我们的操作出现了问题，感染了病毒，那能说是电脑裸机不好吗？自然是我们在安装软件的时候操作失误所导致的。

当然，这些错误也并不是我们有意为之的，毕竟天下父母都是一心为了孩子。但是，一旦发现了孩子身上出现了我们不愿看到的问题，妈妈们一时间总有些不知所措，所以，当遇到问题的时候不要慌，要先静下来思考自己的教育出了哪些问题，是因为自己不懂教育而犯下的无心之过，还是因为自己本身的错误观念带来了错误引导，又或者是自己本身就已经犯下了错误却对孩子产生了误导，找准原因，问题自然也就有解决之道。

越是这种时候，我们首先要控制的是情绪，对孩子不吼不叫，对自己不能百般找借口，特别是夫妻之间，不要指责对方的错误，越早找到自己身上的问题，对家庭才越有益，对孩子才越好，否则一味拖下去，只会让孩子的坏习惯根深蒂固，反倒难以拔除。

但是也不要走进一个误区，认为反省自己就没有孩子的事了，我们一方面要纠正自己的问题，另一方面也要尽快帮孩子消除错误带来的影响。

当我们意识到自己哪里不对之后，就要提醒孩子，让他意识到不能继续错误地学习。最重要的是，我们也要尽快将好的榜样表现出来，用好的一面发挥作用，改变他正在形成的坏习惯。

原来父母也有"叛逆期"

一说到"叛逆期"，几乎所有人第一反应都是，这是孩子才有的行为。在我们看来，还没长大的孩子，有时候会处处觉得自己很有理，处处和我们对着干，就是不服管，就是不听话，这就是叛逆期的表现。

而对待处在叛逆期的孩子，我们自认为也颇有"办法"，训斥、指责，或者苦口婆心地教育，如果自己的方法不管用，就四处翻书找方法，或者向老师、向教育专家求教，其目的都是改变孩子叛逆的现状，让孩子变得顺服。

不仅如此，几乎所有的父母对叛逆期都有很大的"成见"，孩子婴幼儿时期出现的叛逆让我们束手无策，是因为此时的孩子"诸事不通"；青春期孩子的叛逆更是让我们倍感头疼，因为这时的孩子自认为已经长大，总想要自己做主，总是有我们所不能掌控的想法和行为，孩子那种不能加以约束的状态会给我们带来恐慌，那种因为不听话而带来的疏离感更令我们倍加难过。

如果从我们的角度出发，当然是想要一个乖巧柔顺的孩子了，听话最重要，听话的才是好孩子。乍一看来，纠正孩子的叛逆似乎没有什么错误，毕竟孩子的确也是在某些方面与我们的期望有所差别。可是，一味地要求孩子听话的我们，有没有仔细思考，孩子的叛逆到底从何而来？

来看这样一个故事：

进入夏天有一段时间了，妈妈发现1岁半的宝宝总是自己用手往下拽纸尿裤。这时候的孩子还没有具备很好的自我控制排便的能力，妈妈生怕他会将大小便弄得到处都是，便不停地阻止孩子的动作。每次孩子拽下一点来，妈妈就赶紧给他再提回去。

可是孩子一直在往下拽，妈妈也觉得有些烦躁了，便吓唬孩子说："再拽就不是好宝宝了！好宝宝都乖乖地穿着纸尿裤不往下拽的。"但孩子哪里听得懂这些，只是看着妈妈表情变化觉得好玩罢了，依旧时不时往下拽一拽。

妈妈一开始还觉得，孩子这么小怎么就这么叛逆呢？

但后来有一天，妈妈给孩子换下穿脏的纸尿裤，孩子光着小屁股在屋子里蹒跚走着，笑闹起来，看上去很兴奋的样子。

妈妈忽然明白了，孩子穿着纸尿裤很热，这一脱下来，他觉得凉爽了、舒服了，这才如此开心。原来，孩子并不是叛逆，"叛逆"的是自己。

夏天穿着纸尿裤的感觉一定不好受，稍微联想一下，我们就能发现孩子为什么会有这样的动作了。炎热的夏季还要在屁股上包裹着厚厚的纸垫子，孩子觉得不舒服，自然会动手向下拽了。就算放在成年人身上，如果炎热的夏天让我们弄个厚垫子绑在自己身上，我们也肯定会热得难受的。但是，妈妈却错误地认为是孩子在捣乱，还用"不是好宝宝"这样的话来训斥他，本来应该是一个正常的反应，但却被说成了是错误的表现，这样看来，是妈妈错怪了孩子，妈妈的样子好像更加"叛逆"啊！

我们经常会犯类似的错误，总是不能很好地理解孩子，反倒很坚持自己的想法，只要孩子与我们所想有所违背，那他就是叛逆的。可我们到底是凭借什么才判定自己就是正确的呢？

孩子的大脑不是电脑，也不是设定好了程序就能随我们的心意动起来的机器人。更何况，即便是程序也有升级的时候，我们如果学不会使用升级后的程序，那机器也一样会出错。

孩子出生后学了什么、有怎样的表现，原本就是在我们的看护教育之下进行的。而他的成长也是有自然规律的，如果我们不了解孩子的成长，我们没有意识到他的发展，只用如对待初生婴儿一样的态度来对待他，而且还单方面希望他能随时随地对我们言听计从，这样的表现，才是真正的"叛逆"。

或者说，孩子是在成长的，我们却并非如此，有的人是成长不够，有的人是成长偏差，更有的人干脆就没有成长。孩子的成长不等人，如果我们在教育上的成长没有跟上他，可是没有资格去教育他的。

孩子会从一开始的什么都不认识，慢慢地开始认识，并认识得越来越多，他知道的知识也会越来越多；从一开始的什么都不能做，到慢慢地开始支配自己的肢体，再到后来可以做动作、操作工具，直到后来能灵活地运用各种能力；从一开始的凡事顺从，到开始能思考，再到产生自己的见解，甚至毫不畏惧地表达自己的意见……

所以面对这样的成长，我们的教育也应该跟着变化，这才不会导致我们反倒像是在与孩子"对着干"的情况出现。就好比用教育小学一年级孩子的话去教育大学一年级孩子，其效果可想而知，太不合时宜的教育语言及内容，并不会引发他的关注与反思。毕竟每成长一点，孩子多方面的综合能力都会提升，我们的教育也就要相应地进行调整改变，应该明白讲出来的道理就要明白讲出来，让孩子明确知道自己到底应该如何做。

不过有一个宗旨是，我们的教育要始终符合孩子当下的需求。

首先是孩子在这一阶段学习了什么，有怎样的进步，发生了哪些变化，我们都应该了解清楚。正所谓"知己知彼"，了解孩子处在一个怎样的阶段，然后再针对他当下的表现调整教育的内容。包括怎么和他说话，怎么教他知识与其他内容，如果他犯了错又应该怎么教育，对于他的错误又应该怎么认识等等一系列的内容，教育只有贴近他当下的表现，才会更有效。

即便是对待1岁半的孩子，也应该和对待1岁的孩子有所不同，因为3岁之前，孩子的成长几乎是飞速的，所谓一天一个变化都丝毫不奇怪。

而且，我们不能用看待"叛逆"的眼光去看待好像是在与我们作对的孩子，否则很容易就会针锋相对起来。相反的，如果孩子出现了与我们对立的情况，最先做的是平心静气地看我们的教育是不是违背了孩子的成长规律，了解在他这个成长阶段的需求是什么，看看自己的做法有哪里是不合时宜的。

只有跟上孩子成长的脚步，我们才是真正跟孩子一起成长；只有纠正了自己的"叛逆"心理，真的去跟孩子一起成长了，我们才算得上是真正意义上合格的好妈妈。

溺爱型父母，让孩子触摸不到行为的边界

对于孩子来说，爸爸妈妈原本是他内心中要崇拜、喜爱的角色，爸爸妈妈对他不管说什么、做什么，只要是让他开心的，让他能有所收获的，他都会感到很快乐。可是，到底是什么原因才让孩子宁愿抛掉快乐

转而和我们"对着干"呢？

其中一个很重要的原因，就是因为我们用溺爱无限扩大了孩子行为的边界，让他感觉自己什么都能做。于是，孩子也会"得寸进尺"，无限挑战我们的底线，而溺爱他的我们，内心想的却是"孩子是个宝，孩子怎么样做都是好"，所以便也处处都依着他，一再放宽底线。

有位爸爸给孩子买了新口味的糖果，孩子很喜欢吃，没事的时候他就要求妈妈给他打开盒子，让他能随意拿取糖果。妈妈一开始觉得，不过就是吃糖，孩子的要求一点都不过分，所以每次孩子来要，她都毫不拒绝。

但是孩子吃得很快，有时候吃两口尝到了味道，在还没吃完时就把糖又吐出去了，然后又来要新的。这并不是个好习惯，吃完才能要新的才正确，而且也不能没完没了地吃，可妈妈只是象征性地说了两句，也没有特意强调这个规则。

但孩子还是因为挨了说，有些不高兴，妈妈一见孩子不开心，随即也就不再说了。而接下来，孩子依旧频繁地来要糖果吃，妈妈原想再说两句，提醒他要吃饭了，不能再吃了，可是孩子一撒娇、一假哭，妈妈立刻心软了，再次觉得，吃两块糖也没什么，索性便也不再管束他。

结果，孩子把满满一盒糖连吃带扔消耗了一大半，等到吃饭的时候，他一点食欲都没有了。可妈妈却无所谓地说："没事，这会儿不吃，等会儿饿了再说。"

孩子尽情享受着，他已经察觉到了，不管自己做什么，都不会受到指责，即便是犯了错误，也没有什么惩罚，他在试探着妈妈的底线，不断试验自己的行为到底能给父母带来怎样的反应。而显然，如果我们对此无反应，或者反应不那么强烈，孩子就会变得肆无忌惮。

结果，孩子的成长变成了被放任的疯长，就好像没有被修剪的小树，尽管也在成长中，但却总是有斜枝、坏枝掺杂其中，看上去一团杂乱。

终于，孩子变得唯我独尊，听不进他人的意见。一旦遭遇挫折，他自己不能解决，除了气急败坏地暴露暴躁的脾气，就是指责他人，抱怨所有他能联想到的事物，甚至在长大成人后还会抱怨父母没有帮他获得人生的成功。

孩子有了抱怨，原本应该了解他抱怨的真相，然后酌情处理，可溺爱孩子的我们却会忽略掉这个步骤，转而想办法不惜一切代价，只为换取孩子的开心。殊不知，从我们毫无顾忌地只顾着孩子眼前的开心，放弃对他进行管束，以及放弃进行自我反省并教他反省时，孩子就已经被这份"爱"所伤害。而这份"爱"其实也不是真的爱，"爱"到最后我们害了孩子。

真要说起来，我们也并不是从一开始就对孩子那么溺爱的，在很多爸爸妈妈那里，从正常爱到溺爱也是一个过程。最开始的时候，我们面对的是什么都不懂的孩子，看着他在我们的引导下学会更多的东西，那种自豪感不言而喻，看到他有了我们的爱而总是欢笑不断，这也就自然导致我们愿意为了留住他的笑容而付出更多的爱。

结果，我们只顾着要付出爱，只顾着让孩子开心，却忽略了这份爱里还应该包含着我们对他的引导和教育。我们过分关注自己到底有没有爱孩子，过分关注孩子是不是受了委屈，只注意表面的快乐，反倒彻底忽略了还要对孩子进行合适的教育，忽略了孩子更深层次的快乐来自自由，而自由是有边界的，只有受到良好的教育，认识到自由的边界，人才能得到真实的快乐。

孩子的确是个宝，但他也是一块未经雕琢、未经开发的顽石，如果我们只顾着欣赏和保护，却放弃了开发与打磨，这块顽石终将只是顽石，放在家里，其满身的尖利会扎伤亲人；而如果被丢在外面，也不过就是毫无特色的一块石头，没有任何大作用，不是被人所不理，就是因为伤人而被唾弃。

爱孩子没错，但爱一定要与教育紧紧相连，只是顺从并不是爱，不加以指引，孩子会在爱中迷失。而我们也不能将孩子置身于危险而不顾，因为这个世界是有其运行规则的，孩子的为所欲为势必会让他受到规则的惩罚，到那时孩子受到的伤害也会更大。

那么，既要爱孩子，也要教育孩子，怎样协调这二者的关系呢？

其实爱与教育并不存在冲突，很多教育是需要以爱的名义来进行的。比如，孩子探索世界的过程中，会遇到很多危险，强硬地让孩子不要去触碰危险是不可能的，反倒是充满爱意地从爱他的角度来劝说和引导，孩子才会更愿意接受我们的指引。

所以，不妨试着采取这样一些措施。

了解孩子的需求，相信自己的付出。

孩子对爱有广泛的需求，不过这个"广泛"并不意味着需要我们毫无节制地付出爱，因为孩子的需求也是有必要和非必要之分的。一定要知道孩子到底想要怎样的爱，知道他想要什么，然后再付出才是有价值的。

而既然我们可以应对孩子对爱的需求了，那么我们就应该相信自己的付出，不要总觉得自己做得不够好，然后就没完没了地补救。

在付出之前，好好规划一下，保证自己做到的都是真心实意且十分认真的，如果再有不足，及时弥补就好。相信自己的付出，也就不会总带着补偿心理去爱孩子了。特别是不要与他人攀比，每个家庭的情况不同，我们在自己的条件基础上能给到孩子的就是最有价值的，盲目地攀比没有意义，还会让我们患得患失。

孩子若是提出其他类似于撒娇胡闹的要求，则最好从一开始就果断而理智地拒绝，不要给他留有太多"余地"。孩子获得了他需要的爱，就已经是得到满足了，所以我们不要轻易去突破与孩子之间设定的规则，让孩子总觉得妈妈有可以妥协的空间。

不姑息孩子的小错，不放纵"偶尔"。

要保证不溺爱，最重要的是要注意小细节。比如，孩子犯了小错误，不要"一笑而过"，好好地和他说一说，用他能理解的语言告诉他他的行为是不合适的，让他注意，培养他的好习惯。不要觉得"就这么一次，偶尔为之没什么"，否则偶尔的纵容总会演变成孩子对底线的不断试探。

所以，对待孩子犯的小错误，对待他的小问题，我们也应该很认真正式，告诉孩子他的表现是不被允许的，让他意识到我们并不喜欢他这样做，给他一个警示。尤其是事关道德原则的问题，哪怕是一丁点儿的小错误，也不能就此放过。

其实每一次错误和问题，也都可以看成孩子对他周围世界的试探，此时，我们的态度就会左右他未来习惯的养成。尽早中断他错误的试探，也将有助于我们果断放弃错误的爱。

对孩子要保持前后一致的爱的表达。

如前所说，一开始的时候，我们对孩子的爱还算正常，那就要好好保持下去。不要因为某些小事，比如孩子学得快了、表现好了，或者做了什么令人惊讶的好事，就让我们觉得内心的爱爆棚，瞬间就表现得毫无顾忌了。

比如，有些妈妈会在孩子有了意料之外的好的表现时，夸张地说"你太棒了！妈妈太爱你了！"但是，又在孩子有了一点小错误的时候，对孩子大发脾气，吐槽他"你真是太让我失望了，这点小事都做不好"。

这样的表达会让孩子疑惑，为什么同一个自己会让妈妈表现得如此反差巨大。这么小的孩子不会以为是妈妈的问题，他会单纯地认为，一定是自己出了问题，才让妈妈如此反常。但是他又不知道是自己哪里出了问题，因此变得又疑惑又伤心。有的孩子因此会变得喜欢讨好妈妈。

因此，当我们遇到孩子有良好的表现时，要淡定一点，积极肯定孩子好的表现是对的，但是要注意方式，不要一惊一乍；当孩子表现不好时，也不要一下就蹦起三尺高，孩子没有不犯错的，犯错而改正的过程就是成长的过程，不对孩子说负面的言语，给孩子时间和机会好好改正，就是对孩子的爱了。

在一个稳定的环境中成长，身边有情绪稳定的妈妈的爱做支撑，相信孩子也一定可以成为一个情绪稳定的充满爱的人。

高高在上的父母，让孩子感到压抑

孩子的出生带给我们的不仅是惊喜，还有家中成员关系的变化，孩子是最小的那个，我们也摇身一变成了长辈。这种身份的变化会给我们带来惊喜，很多人也会有一种"终于有小辈可以为我所教导"的感觉。

而很多人在成为父母之前，也做了不少的功课，学习传统文化，学习教子之道，学习心理学，看书、听讲座、向专家咨询……在"集齐"了装备之后，当孩子一降生，就全身心地投入到做父母这件事中去了。

随着孩子的成长，有些人在除却最初为人父母的欣喜之后，慢慢地，一种为人父母的权威感也慢慢显现出来。这样的过程太过自然，我们会认为，既然是父母，当然是要有威严的。

还有一些父母则是刚开始的时候对孩子和蔼可亲，会和孩子笑闹在一起，但在看过一些教育类书籍，学了一点教育知识之后，便瞬间觉得自己不能如以前那样和孩子随便笑闹了，就好像突然间意识到需要拿出父母的威严来才能管束得住孩子一般，突然就变得严厉起来。再加上对所学内容的理解存在偏差，或者干脆理解错误，有的父母学习后会和之前判若两人。

比如，原本在有些家庭中，父母和孩子是不分彼此的，说话做事也没有避讳，甚至连孩子对长辈的称呼都会毫不在意地直呼名姓或用昵称。但后来某天，父母通过学习发现，家中一定要长幼有序，父母要有威严，不能和孩子平起平坐，那么接下来他们可能会完全颠覆之前的表现，除了制止那些不合礼数的表现，甚至都不再和孩子亲近，对待他少了陪伴，多了监督，少了温言细语，多了严词厉色，甚至会因为孩子犯一丁点儿的小错而严惩，要不就是长篇大论地进行说教，家中原本的温情气氛一扫而光，取而代之的是冷冰冰的管教氛围，孩子在这样突变的生活环境中，难道不会感到压抑吗？

还有更加"死板"的父母，从别处学来了教育方法，自以为了解了教育孩子的方法，便直接将其运用到了孩子身上，可是自己是不是具备了一定的基础条件，有没有先做到那些要求孩子做到的事情，这些问题我们却一点都不多考虑，似乎只要孩子能做好就好，于是采取绝对权威的方式来对待孩子。

但在孩子看来却完全不是那么回事，看到原本还很温柔的爸爸妈妈，突然就开始对自己严厉训斥，这般突然的转变，孩子可是非常不适应的。更何况，我们还总是要求他做到就连我们自己可能都没有做到的事情，这样的要求一点都没有说服力，孩子如果不听从，我们还会训斥责骂他，孩子对此也会想要逃离。

现实情况却是，这么小的孩子并不能离开父母独自生活，既要依赖于父母又要遵从那些颇具有压力的指示，再加上父母前后态度的不一致，孩子自然会变得焦躁不安。一旦这种被掌控的感觉太过强烈，孩子想要叛逆，想要违抗也就不足为奇了。

而如此分析来看，逼得孩子不得不"反"的罪魁祸首，依然是身为父母的我们。所以如果因为孩子反抗了我们那高高在上的权威，就说他是叛逆的，那可就是冤枉他了，最应该反省的还是我们自己。

父母教育孩子，原本就是天经地义的事，更是我们所不能推卸的责任，也是我们应该要完成的任务，把自己应该做的事情做完且做好，不要用威严去压制孩子，也不要在家中制造说一不二的氛围，相反，我们应该更加尽职尽责、更加懂得自省。

不要只学习怎么教育孩子，先要好好学习怎么提升自己。

在教育孩子方面，我们自然是要学习的，因为有太多问题存在，我们需要纠正自己的问题，而学习之后，也不能将所学到的内容就那样直接用在孩子身上，而是应该先检查一下自己是不是做到了这些内容，然后才能去教育孩子。

比如，我们要求孩子做到孝敬父母，就先看看自己有没有做到，不能说自己还对父母冷言冷语，却反倒要求孩子做到孝敬有加，做一个孝心宝宝。

这是一个非常简单的道理，孩子会学习我们的言行举动，也会从我们的言行举动中去感受和推测什么是对的，什么是错误的。如果我们自己不具备正确的言行，教育的话说出来就没有什么威严。

更何况，此时孩子学习的最主要方法，是用自己的眼睛看，然后自动去模仿。此时的教育多以身教为主，有时候说太多的话他反而会听不懂。但相反的，我们做得好了，他一定会学得来。所以，先做好自己，先提升自己的道德素养、知识层次、能力水平，孩子跟着有样学样，变得越来越好就是情理之中的事。

尊重孩子的自我成长，否则刻意用威严去压制只会伤害他。

孩子的能力是一点点成长起来的，所以不要刻意要求他做超出自身能力范围的事。比如，有的妈妈会很严厉地要求很小的孩子必须好好坐着吃饭，或者好好坐着玩耍，只要不符合要求就会训斥甚至惩罚他。

这个要求是没有问题的，但太过严厉地要求他，甚至用训斥或惩罚来对待他，却有些过了。孩子目前的自控能力没有那么好，我们只能希望他一点点变好。毕竟就算用上父母的威严，他还是做不到，这岂不是相当于我们在做无用功？不仅如此，这种行为还会伤害孩子。

所以，父母的威严要用对地方，不能只是强迫性地去压制孩子。可以用威严去提醒他必须要记住的规则，提醒他不能犯错，至于他究竟可以做到多少，父母要轻松去期待，允许他按照自己的成长规律去生长。还要注意，不能强迫孩子和其他孩子一样，尽量不要把孩子和其他孩子作比较，我们要尊重的是孩子的"自我"成长。

在日常生活行为中体现威严，而不是摆着架子装出威严。

"我是你妈妈，你就得听我的！"有的妈妈总是喜欢用这样的话来提醒孩子要注意自己的言行不能超越妈妈的底线，可是这种明摆着摆架子的提醒，只会成为束缚孩子的枷锁。

父母的威严是体现在日常生活中的，什么应该做什么不能做，我们要表现得清清楚楚。同时，还要在家中立规矩、做榜样，在日常的生活中根据实际需要、当下情况来提醒孩子要注意的事项。最重要的是，一定要保证我们所说、所做、所教育的都是正确的，更要坚持正确的原则，只有这样的教育才能让孩子真正意识到谁是家里的"掌权人"。

总之，3岁左右的孩子正处于探索时期，我们要选择合适的教育方法，不用身份压人，多用靠谱的言行举动来施加潜移默化的影响，不因为自己学习了什么就盲目使用在孩子身上，先自己内在消化，转换为自身所有，然后再在日常生活中对孩子进行自然引导，这才是孩子更愿意接受的教育。

不当养育，让孩子总是担心会出什么危险

生活中小心谨慎没有错，但是如果过分担忧各种问题，总是害怕会出什么危险，这就变成胆小了。胆小的人往往都没有什么冲劲，在做一件事之前，就已经开始考虑这件事失败了怎么办，就已经在考虑如果出现问题会怎么办……考虑太多，最终甚至都不敢动手去做。

生活中很多孩子就很胆小，有人可能认为，才几岁的孩子，胆小一点没什么，而且这也不能算坏事，至少胆小也能让孩子远离更多危险。话虽如此，但孩子胆小怕事也会成为习惯，久而久之会导致他的性格也变得懦弱。

可是，孩子为什么会如此胆小呢？作为妈妈，我们自己有时候也会疑惑，也会盲目地猜测可能的原因。比如下面这位妈妈就认为，孩子的胆小是缺乏爱与安全感导致的。

　　3岁半的儿子什么都怕，怕黑，怕虫子，怕自己一个人待着，如果外出必须和妈妈拉着手，不管干什么都必须要拉着手。

　　不仅如此，儿子还总是不断提醒自己，上楼不能摔倒，下楼不能

跑跳，出去玩不能乱摸否则有虫子咬手，不能离开妈妈太远不然就会被抱走……

妈妈有时候觉得很累，可是看到儿子一脸随时都可能因为什么而哭出来的表情，她又不忍心拒绝。毕竟，儿子说的那些话也是家人经常提醒他注意安全的话，也不能算是没用的。妈妈为此也更加呵护儿子，但后来她发现，儿子似乎越来越爱缠着她了，他对周围环境也越发不信任，就好像这个世界上只有妈妈才是他最安全的港湾。

不得不说，这个孩子对周围世界的认知是有问题的，在他的眼中，这个世界充满了不安全的因素，因此他不敢放开妈妈的手，像个小男子汉一样去自由探索。他之所以会有这样的判断，却全是来源于家人的过分提醒，显然家人平时对孩子就很小心，或者说是过分小心，所以才提醒他要注意那么多的危险。孩子已经可以判断日常生活中的一些基本危险与安全因素了，但是家人却还是会提醒。这可能就导致孩子将一切不熟悉的事物都判断成为危险的东西，因此他的内心一直都是紧绷的，这才导致他生活得战战兢兢，同时也离不开妈妈。如此大的压力之下，孩子又怎么能摆脱恐惧的支配呢？

仔细分析一下，孩子胆小的原因有这样几种：

其一就是如前面这个孩子那样，我们对他保护得太过了，或者说对他要求得太过了，家中规矩颇为严格，孩子的好奇心和探索欲望不仅得不到满足，反而因为这种压抑而让他对周围的一切产生恐惧心理。加上我们会因为他某些"冒险举动"而变得异常紧张甚至恶语相向，孩子慢慢就会变得谨小慎微，不想因为自己的"不良表现"而点燃了我们的焦虑情绪。

其二则是环境的突然变化，陌生的环境会给孩子带来心理压力，尤其是现在很多家庭因为各种原因不能由爸爸妈妈亲自带孩子，有可能是长辈带一段时间，爸爸妈妈带一段时间，如果长辈和我们之间在教育孩子方面又存在宽严不一的情况，突然的环境变化就会让孩子变得不知所措，出于一种自我保护的心理，孩子也会变得胆小怕事，以免因为出错而受到惩罚。

　　其三就是我们的态度太过严厉了，孩子有时候会对陌生事物产生畏惧心理，这是很正常的，因为人对于陌生事物总会保持一种天然的警惕，如果给他一段适应的时间，也许他就没那么害怕而能主动去接触了。但是很多妈妈却不给孩子这段缓冲的时间，一看到孩子不敢上前，就训斥他说他胆小，这个"胆小"的评价，掩盖了孩子其他的优点，这对于孩子是个不小的打击。尤其是对于慢热的孩子，他们接受一件新鲜事物的速度可能比较慢，那是因为他们在观察、思考，他们需要有一个确认的时间，来衡量自己有没有把握去应对新的挑战，如果此时我们心急就给孩子贴上了"胆小"的标签，他会变得更有压力，从而真正变成一个胆小的人。

　　针对这样的一系列原因，我们就应该知道该怎样避免培养一个胆小的孩子了。只有正确的教养方式，才会让孩子学会正确的处世方式，摆脱恐惧的支配，做一个自信、有力量的人。

　　作为妈妈，我们应该卸掉那份紧张情绪，不要用自己的过分担忧来影响孩子。孩子生活的环境的确充满各种未知与危险，但那也不是不能克服的，更不是不能躲避的，所以我们没必要过分紧张。如果是家人有过分紧张的表现，那就多多开导，如果实在不行，暂时让孩子远离过分紧张的家人，可以好好安慰家人，缓解全家人的心理紧张，才有助于缓解家中的压抑气氛，也相当于给孩子"松绑"。

而生活中的危险其实处处都有，而危险本身并不可怕，可怕的是我们对危险没有认知，也不懂得如何去躲避。所以，我们要提前给孩子普及安全常识，有机会的话可以来几次安全演练。让孩子知道什么是危险的、不可触碰的事物，做到远离；让他牢记遇到危险后应该怎样做，学习正确的应对危险的方法。能这样做的话，才算是真正意义上的有备无患，只是恐惧害怕是没有任何用处的。

　　同时，不要溺爱孩子，溺爱也是导致孩子胆小的原因之一，给他正常的爱，他自己的事情，就放手让他去做。如果孩子因为某些问题而感到紧张和害怕，我们也不要有不满的情绪，告诉他没什么可怕的，如果可能的话可以和他一起去面对，给他展示怎样做是没有危险的，或者让他看看别的孩子都是怎么做的。但是不要强迫他去做事，多给他一些机会，给他足够的时间，让他知道怎样做是没有危险的，尝试的机会多了，经历得多了，他自然也就不再因为害怕而放弃尝试了。

　　另外，也要多带孩子接触各种人和事物，多带他去大自然中奔跑，多鼓励他和周围的孩子一起玩耍。同龄人中有勇气的孩子，对孩子来说是个好的学习对象，多与他们接触，会有助于克服孩子的恐惧心理。当然了，如何与陌生人相处，尤其是与陌生的成年人接触，我们也要好好给孩子讲一讲，这个问题也的确是需要重点给孩子讲的，让他能时刻警惕，不要受到欺骗与伤害。

　　也就是说，我们要让孩子在这样自由自在且又有安全防范措施的环境下生活，让他的精神能在应该放松的时候放松，在应该警惕的时候警惕。同时，我们也要告诉他，我们是他最坚实的后盾，所以他不要有什么顾虑，爸爸妈妈将会一直爱他，也会一直保护他，让他放心去探索就好。

放下"自我"，用心与孩子相处

尽管人人都会说，一旦为人父母，自然是处处都为孩子着想，也会用心与他相处，可事实上，如果内心一直都揣着"我是父母"这样的想法，言行之间自然就有难以抹去的严肃与高高在上，端着架子和孩子相处，想得更多的也就只能是怎么教育孩子，自己该怎么做，自己要实现怎样的目的等等一系列与自己有关的内容。

至于说孩子怎么样了，我们倒也不是没想过，但多半都只会想到他学到了多少知识，会有怎样的进步，他的想法、感受却可能会被我们完全忽略掉。因为更多关注自我感觉的父母，注重的只是孩子取得的成果，并不会特别在意过程中他的心路历程。

恰恰是我们不在意的东西，才是孩子最真实的表达。如果我们不够善解人意，理解不了孩子，那不管怎样的教育都可能会让孩子无心接纳，他愿意学的时候可能会有一点进步，一旦他因为种种原因不愿意学了，即便我们再怎么用父母的身份强迫他，他也会拒绝再接受。

最为健康的一种亲子关系，应该是我们能放下自我，用心去与孩子相处。只要不总想着自己是"一定要好好教育孩子"的父母，而是蹲下来和孩子交流，了解他的想法，看他需要什么，理解他的想法和感受，他才可能会对我们敞开内心。

这样一来，也将使我们能更迅速、清楚地意识到孩子言行背后的真实意图，通过他的细微点滴变化及时调整自己的教育方式，使之更适合孩子的需求，若真能如此，孩子一定会因为被理解而感觉到心情愉悦，他会更愿意接受父母的教导，而非与我们对抗。

所以，适时地学会放下"自我"，多从孩子的角度出发，去考虑孩子的需求和感受，是教育孩子的良方。

好好认识"父母"这个身份。

父母是孩子的启蒙老师，所以要有为人师的资本，要有足够的教育知识。但同时父母也是孩子最亲近的人，是孩子可以无条件信任、依赖的人，是可以给他温暖与爱，可以让他有所学习与成长的人。更重要的是，父母也是孩子最知心的人。我们总说"自己的孩子自己最了解"，那么我们就要担当得起这个"最"字来，应该了解的内容一样不能少，与孩子有关的一切都不能放过，更不能大意。

对于小一点的孩子来说，父母在他眼中会显得更伟大。所以，按照正确的道理去做正确的事，向孩子展示正确的生活原则与方法，让孩子从一开始就接触到正确的知见，是我们的责任。同时，也要根据孩子的个性特点，了解孩子的真正需求，满足他的合理需求，给他需要的帮助。而最重要的一点，是无时无刻都要让孩子意识到我们对他的爱，要有最起码的温柔与关怀。有爱，有原则，这样的父母才是孩子更愿意崇拜与模仿的对象。

做到"一切从孩子出发"。

一切从孩子出发，就是要求我们多观察孩子，从吃喝拉撒到思想表达都要有详尽的了解，以全面发现他在日常生活中的种种变化，从而帮助我们更快地对自己的教育方式进行调整。如果要开展什么教育，也要顺从孩子的当下状态。

比如，选择他心情好的时候趁势加入教育内容，多注重身教，少一点说教，通过引导和我们的主动表现，来让孩子自己去获得发现；还比如，尊重孩子的成长进度，小一点的孩子学习速度没有那么快，他可能反复进行同样的动作，这时不能着急，给他足够的时间，直到他对一件事做到满意为止；再比如，接纳孩子的错误，这么小的孩子不犯错几乎是不可能的，或者说，不把事情弄得一团糟，其可能性也是非常小的，既然如此，倒不如允许孩子自己摸索，不要用太过严格的规则限定他的表现，孩子越自由，才越可能通过自我发展而进步。

从心灵上靠近孩子。

总是有父母会搞不清楚到底怎样才是用心与孩子相处，更多的人表现出来的只是外在的表现更像孩子了而已。

比如，带着孩子出去玩，孩子看见了一片花丛，妈妈却突然躲进了花丛，在孩子四处找不到人的时候突然跳出来，逗弄着不知所措的孩子。

也许有人认为，妈妈和孩子玩起了捉迷藏，充满童趣不是很好吗？其实不然，妈妈只不过是让自己变成了小孩子，和孩子玩小孩子的游戏而已，但她却根本没有去体会孩子此时的感受。孩子也许是想要好好看看花丛，也许是想要自己发现点什么东西，可能还想把他看见的什么东西指给妈妈看，但妈妈却完全没有意识到孩子的心理变化，反倒是用自身的幼稚行为破坏了孩子当下的感受。另外，妈妈的这种做法可能还会让孩子失去安全感。在不熟悉的环境中，妈妈突然消失不见，对孩子来说是一个恐怖的经历。

也就是说，我们所说的用心与孩子相处，是要站在他的角度去认真思考的，是要通过他的表现来意识到他到底想要干什么，然后顺势引导他去做自己想要做的事情。我们当然可以和他一起做些事情，在这个过程中，要以孩子的想法为中心，妈妈可以顺势去引导，而非主导。

妥善处理理解不了的情况。

虽然要用心相处，但孩子的心思也的确不是很容易揣测的，有时候我们想要好好理解，可没准儿就猜错了孩子的意图，那么接下来不管我们做什么也都是不符合他心意的，自然也会引起他的反抗。

如果遇到理解不了孩子内心的情况，不要百般猜测，还是要仔细观察孩子的行为，可以从他当时的情绪入手，如果他想要干什么，保证安全前提下就允许他去做，没准儿在这个过程中就能发现他的意图了。

一定不要变得急躁起来，猜不到没什么，可如果因此变得烦躁了就会引发孩子的焦躁情绪，此时很容易招来孩子与我们的对抗，这不是我们希望看到的现象。

第四章

妈妈无条件的爱，让孩子
接纳叛逆期的自己

孩子的成长既是自然而然的，也是突飞猛进的。在这个过程中，他需要妈妈无条件的爱。要注意的是，这种无条件的爱不是溺爱，是对孩子个性的无私包容。妈妈无条件地接纳孩子本身（而不是无条件地接纳孩子的行为），孩子才可以接纳叛逆期的自己。还有，无条件地爱孩子，才能让孩子的"叛逆期"变为成长期，而不是问题期。所以，千万不要跟孩子对立，因为这是最不利于孩子成长的教养方式，而是要用温和的语言、规则与约定帮孩子规范自己的行为。

妈妈无条件的爱是孩子成长的根基

有个1岁半的孩子每天睡觉前都会收到妈妈的一个吻。

一天中午，妈妈和孩子同时躺下，妈妈哄着孩子说："妈妈和宝宝一起睡觉啦。"说完，妈妈亲了亲宝宝的额头，看着宝宝闭上了眼睛，妈妈也闭上了眼睛。

但没一会儿，妈妈就听见孩子在旁边窸窸窣窣地动着，接着一个肉肉的小身体就贴了过来，妈妈的脸上被沾了一脸的口水。

妈妈睁眼，看见孩子笑呵呵地看着自己，孩子的下巴上也沾着她自己的口水。

原来，孩子学着妈妈的样子，也给了妈妈一个充满爱意的吻。

对孩子的亲吻，是妈妈表达爱的一种方式，妈妈每天如此，孩子感受到了这份爱，同时也学会了将自己的爱表达出来。

可见，妈妈的爱孕育了孩子的成长，他正在学习而且也学会了爱的表达。但是怎样才是正确的爱？有的妈妈认为，不能太爱孩子，否则就是溺爱，少一点爱没什么，于是从一开始对孩子就会相当严厉，以"严母"形象出现在孩子面前；有的妈妈则认为，孩子小时候需要更多的爱，长大了就应该更多教育了，所以对孩子的爱会随着时间增加而减少；还有的妈妈则与前面两种妈妈完全相反，她们喜欢以爱的名义帮孩子做所有的事，以期孩子能在"爱"的沐浴下毫无负担地成长，这样的妈妈往往会毫无保留、毫无顾忌地表达爱，殊不知这种爱最后会成为孩子的"负担"，阻碍孩子的成长。

不得不说，爱也是一个很神奇的东西，少一分就会让孩子感受不到爱，而多一分又会让孩子毫不珍惜爱，只有合理的、恰到好处的爱，才能成为真正让孩子成长的根基。所以，最好的方法就是给予孩子成长的机会，让他能感受到我们所付出的那份爱。

很多妈妈给孩子的爱有一部分是本能，但有相当一部分却是顺从自己过去的经验和自己父母所教授的方法。所以很多时候我们以为自己是在爱孩子，但孩子却根本感受不到。

举个例子：看到孩子哭闹不止，你会怎么做？

很多妈妈的第一做法就是"哄"，想尽一切办法，买好吃的、买好玩的、买孩子想要的各种东西，或者答应孩子的各种要求，只要他不哭不闹就好；还有一部分妈妈则是放任不管，认为孩子哭一会儿也没什么，哭过去了就好了；也有一部分妈妈则是训斥孩子，觉得孩子是在无理取闹，便试图用这种严厉的爱来使孩子听话。

这些爱的表达，忽略了孩子本身的需求，孩子不仅不会感受到爱，反而还会产生其他不良情绪。如果对他百依百顺，他会变本加厉地触碰妈妈的底线；对他不搭不理，他也会逐渐封闭自己的内心，变得冷漠起来；如果他经常被训斥，那也会慢慢变得自卑，对爱的渴求会更强烈，而那份欲望却可能让他的心灵变得扭曲。

我们原本是想要用爱来让孩子成长的，可经过一番努力之后，却可能是在用爱伤害孩子。要知道，"合理的爱"才是孩子成长的根基，相信每一位妈妈都知道母爱对孩子的重要性，所以要让自己的爱真的在孩子身上发挥作用。

给予孩子无私的爱。

作为妈妈，与孩子的牵绊是旁人无可比拟的，所以妈妈给予孩子的爱应该是最为自然无私的。可是有的妈妈却总是出于自己的利益才给孩子爱。

比如，还用孩子哭闹这件事来举例子，孩子在众人面前哭闹不已，有的妈妈却并不关心孩子为什么哭，只是觉得孩子这样哭会让自己很没面子，所以不管是哄还是训斥，妈妈的目的一半是让孩子尽快恢复平静，一半则是为了让自己的面子上过得去。

带着这种私心来面对孩子，爱的表达就会不那么纯粹，同时也会因为自私而伤害到孩子。在孩子心中，我们是他最值得依赖和信任的人，所以不要辜负他的这份情谊，包容他，不要只想着自己的面子，多想想他的需求，这样才能将爱传递给他。

了解孩子真正的需求。

即便是爱，孩子也并不是盲目地索要的，他想要的，都是他的需求所在。顺应了他的需求，他才不会对爱索求无度。

> 有位妈妈因为自己工作很忙，只得让姥姥带走快两岁的孩子一段时间。但是，妈妈没有彻底不管孩子，只要有时间就打电话回去，和孩子说说话，虽然孩子说不清楚，但是妈妈却很有耐心，妈妈也跟孩子解释自己为什么要暂时离开他，尽管孩子可能听不懂，可是妈妈却没骗他。

后来，姥姥告诉妈妈，孩子有时候也会想妈妈，但他却很懂事地说："妈妈，上班。"而没事的时候，孩子也会主动要求给妈妈打电话，妈妈依旧每次在电话里安慰孩子，和孩子表达着自己的思念。看到孩子不像想象中那样哭闹不已，这让妈妈感到很欣慰。

对于这么小的孩子来说，离开妈妈原本是一件很难的事情。之所以说难，是因为孩子此时的需求是妈妈无所不在的爱，显然如果妈妈能够意识到孩子的需求，给了他想要的爱，孩子自然也就不会那么缠人。

可见，了解孩子爱的需求，比毫无目的地盲目给他爱要重要得多，这也就是为什么很多妈妈明明就在孩子身边，可孩子却还是感受不到被爱，而有的妈妈即便没有在孩子身边，孩子也能感觉到自己沐浴在爱之中。

要给予孩子正常的爱。

爱孩子是几乎所有生命都会做的事情，只不过作为具有更高智慧的人类，我们的爱应该更理智。

不溺爱，不错爱，不盲爱，不以爱的名义强迫孩子做事，不用所谓的爱绑架孩子的自由。尊重他的成长需求，满足他的心理需要，这样的爱才是正常的，只有这样的爱才能让孩子获得健康的成长。当然，这其中的度还需要做妈妈的拿捏好。

不能只是期望孩子"安静"而"听话"，而是给他爱的力量

人人都梦想着能有一个安静而听话的孩子，他最好不哭不闹，妈妈

说东他从不往西，到了吃饭时间就好好吃饭，到了睡觉时间躺下就能睡着……就像玩具娃娃一样，身上有不同的按钮，按下之后，他就一切按照大人的要求来。

不仅如此，他最好还非常善解人意，看到妈妈忙着的时候不要打扰，妈妈有心情有时间的时候再来亲近妈妈。如果他同时还是漂亮健康而聪明的，就更好了。

这恐怕就是很多妈妈对于孩子的期望，可惜的是，这样的期望只能是一个梦想。实际上，大多数时候，我们的生活因为有了这些不切实际的期望，而变得更加"不可预料"。

客厅里的纸巾，不知什么时候，已经被3岁多的"小小探索家"全部从纸巾盒里拿了出来，方方正正地摆在了客厅的中间。此刻，"探索家"正在转着圈欣赏自己的"作品"。转了几圈之后，发现这还不够完美，她找到了妈妈放纸巾的地方，用偷偷学到的用剪刀的技巧，小心翼翼地把包着纸巾的塑料包装剪开一个口，随着一声利落的"刺啦"声，她又收获了一包新的白白的纸巾。多美啊！她又开始欣赏自己的杰作！

不过，她觉得还不够，就一趟一趟地把一包包新的纸巾运到客厅，然后坐在客厅中央，手里拿着剪刀开始"处理"它们，直到她看到了最满意的景象才住手。此刻，客厅中央已经整整齐齐码了一堆纸巾。这回她满意了，开始去敲厨房的门，想让妈妈来欣赏一下自己的杰作。

此刻，妈妈正在厨房做饭，不明所以的她打开了厨房门，看到一堆像小山一样堆着的纸巾，再看看旁边散落着的塑料包装纸，顿时感到一阵"绝望"。妈妈忍住即将要爆发的怒火，从嗓子缝里挤出几句不像样的赞美："还行啊，真像一座小山！"听到妈妈的"夸奖"，"探索家"对这个评价似乎很满意，笑了一下跑掉了，不知又想到了什么好主意。

这时，妈妈再也忍不住了，"揪"出正在卧室一角玩手机的爸爸，大吼一声："看孩子去！"爸爸显然很舍不得他的手机，但是，看起来事态比较严重，他迅速站起来寻找孩子的身影，可惜，仿佛已经有点晚了。现在，"探索家"正在玩另一个好玩的游戏，把刚堆好的"小山"放进卫生间的马桶里……

对于3岁左右的孩子来说，安静和听话仿佛与他们无缘。很多妈妈在每天与孩子的周旋中逐渐失去了耐心，她们最关心的问题就是，怎样才能让孩子安静又听话。实际上，一个孩子正常的状态应该是沉静而安详的，他非常善于观察，很容易安住于当下。有时，我们会发现一个孩子认真地观察一个小事物达到了"痴迷"的程度，他们在玩游戏时对游戏的投入程度也不是我们成人能具备的。这就是一种"安住于当下"的力量。

相比于正常的孩子来说，成人的心力仿佛更不容易集中。我们擅长同一时间做很多事情，工作的时候时不时会拿起手机刷一下微信朋友圈，同时还能抽空和同事聊几句天，我们不容易集中我们的精力。

既然孩子正常的状态应该这样的，我们看到的儿童却总是给我们出"难题"。那是因为，在0—3岁这个时期，孩子正处于自由探索世界的时期，他从不能使用手脚到可以自由活动，生活中所有的事物都成了他体验和探索的对象，他对一切事物都充满了好奇。

在这段时间，孩子最需要的就是自由，所以，父母只要给他足够的自由，在安全的范围内，允许他自由地探索，他的身心将会发展得十分健康，他的各方面成长需求都得到了满足，他就会自然而然形成一种沉静而安详的气质。反之，如果他在需要探索的时候被束缚住了手脚，他的各种能力都不会得到发展，他只能变成一个平庸甚至缺乏基本生存能力的"木偶"。

尽管如此，我们大部分的父母都没有这种耐心。因为给孩子这种自由探索的自由，对于很多妈妈来说就是一场"噩梦"，这无疑会加大我们的工作量，使我们的休息时间减少，使我们失去很多自己的时间。这样算起来，都是一个安静而听话的孩子更讨人喜欢啊！

> 有个小女孩3岁多一点，这段时间，妈妈发现她总是喜欢把床上的娃娃排成一排，然后用很严肃的口气说："不许说话！立马闭眼睡觉！"
>
> 妈妈一听，马上反应过来，女儿是在模仿自己的口气对娃娃说话。

这也难怪，因为孩子善于模仿，他吸收什么，就会变成什么的样子。带孩子的辛苦就在这里，我们不仅仅要承受身体上的劳累，在精神上也是如此。如果一个妈妈不懂得时刻反思自己的言行，在无意中就会影响孩子。一个总是试图用自己的意图控制孩子的妈妈，总会带出一个有着同样习惯的小人儿。

特别是对于工作繁忙的父母来说，时间本来就不够，各种事情都会排在孩子前面。就算下班回家见到孩子，也希望孩子乖乖的，不要给自己出一点难题才好。偏偏此时，孩子是非常想和妈妈亲近的，想要给妈妈表现出他的与众不同来吸引妈妈的注意。可是，他会发现，自己的这种努力不但得不到妈妈的欣赏，还可能会招来一顿"怒吼"，亲子关系的疏离，也许是从这时开始的。

没有妈妈愿意承认，自己想要一个木偶一样的孩子，但事实上，我们是多么盼望着他能不耽误我们的时间，不那么麻烦，别给我们找那么多"事儿"，好让我们有更多的时间去做自己想做的事情。与此同时，他身心健康，聪明活泼，就更好了。可是，这样的假设是不成立的。现实就是，我们把时间放在哪里，哪里就会有收获。如果我们在孩子成长最关键的这几年，没有把时间给孩子，那么，我们所期望的种种美好的结果，也都不会出现。甚至，事情也许会向着我们期盼的相反方向发展。

孩子的成长关键期的几年时间稍纵即逝，在这段时间里懂得"投资"，善于放下自我的妈妈，都会有很大的收获。很多人说，当了妈妈之后，很大的一个功课就是学会了放下自我。这句话被不同的人理解为不同的意思，有人在诉说当妈妈的累和辛苦，有人则强调自己，自从当了妈妈之后，看待事物的视角都不同了。以前事事以自我为中心，现在可以站在孩子的角度去理解孩子的成长。如果真能这样，就是一个巨大的进步。

我们最好从孩子的角度认真想一想，安静和听话，真的是他们自己的需求，还是妈妈的需求。另外，妈妈的这种需求，是有利于孩子健康成长的还是压制了孩子的成长脚步，相信我们经过细细思考，会得到正确的答案。

说了这么多，无非想要提醒大家，看问题的视角不同，重点不同，所采取的行动就不同。不管从哪个角度来说，在孩子成长最初几年认真付出，是最明智的选择，也是最省力的选择。虽然这对做妈妈的要求很高，但是值得一试。

如何理解孩子的"不顺从"

　　"你给妈妈背首诗吧！"一位妈妈对着电话说。

　　因为她的工作原因，有时候一两天都不能回家，看不见两岁的女儿还是很想念的。

　　可是女儿在电话那头却很清晰地说了两个字："不背。"妈妈听见姥姥在电话另一边劝孩子，威逼利诱的方法都用上了，可女儿还是那两个字"不背"。

　　妈妈无奈地笑了笑，制止了姥姥说孩子"不背就不喜欢你了"的说法。

　　女儿的不顺从，并不意味着她不是好孩子，她想念妈妈，她需要的是妈妈陪在身边和她一起玩，她想要的东西没有得到，可妈妈却还要求她做别的事情，她当然不会同意了。

　　孩子都是单纯而直接的，他顺从了自己的意愿，但却有可能违背我们的要求，这也就是我们所说的孩子的"不顺从"。可是孩子只不过是没有顺从我们的要求，他顺从的是自己，这于他来说是没有问题的，只不过是我们觉得被违抗的感觉不那么舒服。

　　从前面这位妈妈的经历来看，孩子的不顺从都是有原因的，而关于"顺从"这件事，也不是说我们强硬要求就能实现的。我们无不希望孩子能够对于我们言听计从，如果再能自我主动就更好了，可我们首先也要了解与顺从有关的内容。

很多人要求孩子的顺从，都带有一种成年人的强势的逼迫，孩子要绝对服从才可以。而成年人对待孩子都是说教或给他立榜样，但是要想让孩子心服口服不是那么容易的，如果在说教之下孩子顺从了我们，那他多半只是表面服气了，但内心却一定翻腾不已，对于自己不想做的事情又反抗不得，所以只能忍气吞声。如果他经常被"屈从"的话，心里就会慢慢产生压力，一旦没人能控制的时候，压力就会被释放出来，正所谓"有压迫必定会有反抗"。

就好比这样的一种场景，在原本需要安静的场所里，孩子却偏偏大声叫嚷、又闹又跳，不管怎么约束，即便是训斥，他也只是安静个一两分钟，很快就又变得管束不住了。这是什么原因？其实就是孩子之前被灌输了太多的"不要吵闹"，被强迫着顺服，这才导致他反倒不能顺从了。

孩子是有自己的判断的，在某些环境中，他也会根据环境状况来决定自己的行为。也就是说，只要尊重了孩子的自由，不过分逼迫他顺从于人，他自己也能学会规矩，并且也能凭借自己的意志力来约束自己的行为。

但是奇妙的是，从内心来看，孩子还是喜欢顺从的，只不过是他喜欢的是那种发自内心的顺从，而且也更喜欢顺从正确的事情，毕竟顺从了他也会感到舒心快乐。但是，要求孩子能够"审时度势"听从父母的意见不是一蹴而就的事，在这件事上妈妈们急不得。

要实现顺从，就需要以意志做基础，孩子在不能很好地控制自己时，是做不到真正的顺从的。幼儿期是孩子形成意志的关键期，他会努力学着凭借自己的意志和能力来遵守各项规则，学着顺从万物规律，建立真正的顺从之心。

具体来说，孩子的顺从可以分为三个阶段：

第一阶段，顺从初期，以孩子的需求为主。

这时孩子的顺从是偶尔才有的事情，特别是在某些敏感期出现的时候，只有我们满足了他的需求，他才会表现出顺从来。

比如，在追求完美敏感期时，如果给他一个完整的苹果告诉他"乖乖吃"，他会很听话地照做，可如果给他的是切开的或是带有疤痕的苹果，他就会立刻拒绝了。此时的孩子会对我们破坏完美事物的表现很反感，把一个苹果切开或把一块饼干掰开这种事，往往就会成为他哭闹的源头。如果我们不理解孩子，就会错误地认为他很任性，认为他"不听话"。

年龄越小的孩子，这种顺从状态并不那么容易实现，因为这时候的孩子能力发展有限，很多事情他做不到、做不好，即便偶尔顺从了，也只是他的本能需求刚好与我们的要求一致而已，并不代表他有自主想要顺从的意愿。

那么，这个时候应该怎么做呢？

不要试图说服孩子怎么做，而是要顺从他的意志和个性发展，允许孩子自由活动，让他在经历各种事情的过程中来建立起自己的内在品质。当他的能力不断提升，经验不断增加之后，他才会表现得越来越顺从，因为他能做的事情多了，很多要求自然也就能消化了。

不过在这个过程中，我们还是要给孩子设立起最基本的道德原则底线，也就是说要让孩子知道什么是可以做的，什么是不能做的。如果他犯了错，最好尽早给他提醒，以免他养成坏习惯。当然了，重点还是要给孩子足够的自由成长空间，不要过分干涉。

第二阶段，能力上升期，不断完成挑战。

到了这个阶段，孩子有了很好的控制自我的能力，这样他做起事情来就不会遇到诸多障碍，此时的孩子更愿意接受一些命令或任务，这时他的顺从恰恰就是他检验自己能力的最好时机。

其实要说起来，这个阶段也是很重要的一个过渡阶段，孩子会在这个阶段不断提升自己的能力，他遇到可以很好完成的事情，会非常开心；对于那些他能力不能及的事情，他也会表现得不顺从。

所以这个阶段的孩子，也依旧是顺从与不顺从并存的，而这时我们也要跟尊重他的能力发展，也要给他一定的自由，注意观察他的能力发展到了一个怎样的地步，不要强迫他做能力之外的事情。

第三阶段，以优秀者为榜样，心甘情愿去顺从。

待到第三阶段，孩子的能力也有了长足的发展，这时他就会渴望顺从了，特别是对那些他认为很优秀的人，他会发现自己可以从这些人身上有所收获，这就让他产生了新的期待，从而开始渴望顺从。

这个时候的孩子已经意识到，那些优秀的人，比如老师，比如爸爸妈妈，是可以做到他做不到的事情的，这时他的想法就是，老师和爸爸妈妈应该可以帮他进步，能让他做到更多以前做不到的事情，这时他就会心甘情愿地顺从了。

事实上，3岁左右的孩子已经会顺从自己的发展意志了，所以为了他能在日后顺利进入渴望顺从的阶段，我们就要为他创造合适的成长条件，允许他按照自己的心智发展，给他足够的机会来培养自己的能力，让他逐渐把握事物的本质和规律，并在日后逐渐顺从这种规律，以最终实现顺从这个第三阶段，让他能从心往外地顺从真理，追逐榜样的脚步，更好地成长。

与孩子对立，是最不理性的教养方式

"不和孩子一般见识"，这是很多人都知道的一个道理，因为孩子的思想与成年人是有所不同的，他眼中的"见识"可能很纯粹、很简单，我们会想得很复杂，如果非要和孩子较劲的话，最终郁闷的是我们，而且也没有什么教育效果。

可是很多成年人却说："孩子是后来者，他自然是要遵守家中已经存在的规矩，他破坏了规矩，还不能教育他了吗？"

道理是没有问题的，教育也是培养孩子过程中最重要的一环，可是用与孩子对立的方式来教育他，和他闹别扭，甚至发生冲突，是很难收到好的教育效果的。

一位年轻的妈妈说了这样一件事：

> 下班时，我给母亲的手机上打了一通电话，询问晚饭要吃什么。
>
> 快两岁的儿子在一旁也不停地叫嚷着，听声音，姥姥把手机给了孩子，可是孩子却没有说话，只听得话筒中传来姥姥的声音："别点，别划，就对着说话，跟妈妈说话。"
>
> 儿子对智能手机的点一点、划一划的功能早就好奇不已，显然他又抓住了机会。我只听着儿子附和着喊了两声"妈妈"，可很快就又听见姥姥着急地说："不是告诉你别瞎点嘛，点没了就没法和妈妈说话了。"
>
> 可尽管如此，我听着话筒里的声音，知道孩子依然抱着手机又点又划，姥姥的话她明显没在意。
>
> 后来，姥姥有些着急了，吼道："你再闹，姥姥就不高兴了，不听话不是好孩子"，但听那意思孩子也依旧没放手，还抱着手机跑开了。
>
> 最后，我听到的是姥姥在电话里高声地开始训斥孩子了……

在他们这场"对战"中，姥姥一直在试图控制孩子，可显然最终赢的并不是她。

　　和孩子较劲，其结果往往都不那么好，尤其是两三岁的孩子，随着身体协调性越来越好，行动能力越来越强，语言表达和思维能力也已经有所发展，他开始有了自己的想法，开始更广泛地探究世界，这时的孩子会尝试着自己探索，也会有更多自己的独立行动。

　　显然前面那个孩子对手机是好奇的，这才促使他学着成年人的样子点点划划，他体验的是自己探索的过程，如果这时有人阻拦他，他当然会反抗，而且毫不犹豫、毫不退缩，这其实也是孩子在维护自我的不受侵犯。

　　我们和孩子之间的较劲，无非就是不愿意看到孩子违抗我们的权威，因为我们知道孩子长大后会更难管教，所以无不想趁着他小时候多多约束，以期他能就此养成好习惯，从而日后更好管束。可哪里知道，我们越是和孩子较劲，越是想要让他意识到谁才是家里的权威，反倒逼着孩子变得更加叛逆。

　　在与孩子"交涉"的过程中，我们多半会站在成年人的角度去看待问题，用成年人的标准去要求两三岁的孩子，结果自然是孩子达不到标准，我们也感到不舒服了。再加上还有的妈妈会因为自己情绪不好，就对孩子的小毛病大发雷霆，最终孩子也起了对抗之心，双方就较起劲来了。而在这个过程中，我们自己的颜面在孩子面前受了折损，这是我们不愿意放弃与孩子较劲的原因之一。

　　除了有我们的因素，孩子自身的某些原因也会导致他更容易与我们较劲。比如，一些自我意识非常强的孩子，其反抗心理也会更为强烈。这样的孩子往往表现得很"激进"，有一点不如意就会闹起来，即便在公共场合，他也能做到"一触即发"。

对于这样的孩子，我们多半都觉得不好对付，认为孩子不好管教，可有时候，反抗性越强的孩子，在日后的生活中越有主见，也会具有很好的独立分析和解决问题的能力，且意志力更加坚定。

但是，并不是说因为这样的孩子日后可能会有好的发展，我们就放任他的反抗了，毕竟和孩子对立着来，总归不是好的教育手段，还是要选择更合理的方法来解决这个问题。

更重要的是，孩子与父母的对立，会打乱家中长幼有序的原则，从伦理道德角度来讲是不合理的，所以怎么让孩子能够顺从于我们的教育，也是对我们提出的一个考验。

在教育孩子之前，我们应该先审视自己提出来的那些要求，是不是合乎道理，有没有强人所难。如果是正确的且必需的教育，那么我们就要坚持下去，因为此时孩子的对立可能只是他的不适应或只是他想要探查我们的底线。

所以，如果教育的基础是正确的，那么坚持一下也是没问题的。只不过，如果是对孩子过分严厉或强人所难的要求，这就需要我们退后一步了。

因此，当孩子与我们对立的时候，首先要了解孩子为何而对立，并了解他内心的真实想法。两三岁的孩子一时表达不清，我们可不能妄自猜测决定，可以多问问他，不要一上来就阻止，尤其是对自我意识强的孩子来说，更要避免从一开始就和他"对着干"。

就拿前面提到的那个孩子来说，虽然并不提倡那么小的孩子总是玩手机，但是找个时间让他简单摆弄一下还是可以的，任由他点一点、划一划，等他玩儿够了，他也就不那么好奇了。而在这之后，也要尽量减少在他面前使用手机的次数，不要再引起他对手机的关注，转而用其他更有趣、更有意义的东西吸引他，他的注意力就能得到转移。以后，即便再有电话来，他已经知道了手机中那些点点划划的功能，而且随着成长，我们也可以多和他沟通，告诉他手机是做什么用的，他再接电话的时候多半也就能好好说话，而不再"捣乱"了。

这就是一个顺其自然的解决问题的过程，倒不是说鼓励所有人都把手机拿给孩子玩一玩，只是提醒大家，在孩子探索世界的这个时期，强硬地阻挠他是不行的，面对他的任性，我们首先要有接纳之心，再谈其他的。

另外，我们也要关注孩子突如其来的对立，是否由于身体或情绪的原因，比如困了或饿了，对这个年龄段的孩子来说，吃和睡都是大事，太困和太饿都会导致情绪不佳，此时要先满足孩子的生理需求，吃饱睡好才有精神做事。

在这个过程中最重要的，是我们自身的情绪。保持稳定的情绪，更加有利于和孩子的沟通。特别是在有其他烦心事的时候，不能将孩子当成出气筒。即便事后再后悔，当初对孩子说的气话做的错事都会真切地伤害到孩子。而且孩子没准儿也将学会这种应对问题的方式。所以，为了避免这些问题，尽量保持平和的心态，不在有情绪的时候教育孩子，当孩子有情绪起了对立之心时，要显示出我们作为成年人的理智和包容，多去理解孩子，这样才能更好地引导孩子的成长。

让孩子做点家务，他一秒变身"小大人儿"

每个孩子都有极强的模仿能力，所以在我们做各种事情的时候，只要孩子看见了，都会在一旁认真观察，然后找时间模仿。比如，妈妈如果蹲在地上拿抹布或废旧纸张擦地板上的脏东西，孩子也会拿一张纸蹲地上去蹭地板。也就是说，我们在做家务的时候，孩子也会有模有样地学会我们的动作。

可是，当孩子兴致勃勃地学着我们的样子去做事的时候，我们却总是毫不犹豫地就拒绝，要么使用温柔怜惜的口气，要么则是用严厉训斥的口气。

> 看到妈妈蹲在地上用抹布擦地，3岁的孩子也想要表现一下，可是他找不到可用的抹布，一眼看见床上的枕巾，他干脆拿起枕巾也蹲在地上擦了起来。
>
> 妈妈一开始没注意，等发现孩子在干什么的时候，她还觉得很有意思，可是待看清楚孩子手中拿着的东西时，妈妈一下子转喜为怒了。
>
> "你拿什么擦地呢？"妈妈吼道，站起来走过去，一把把孩子手里的枕巾抢过来，"你个熊孩子！好好玩一会儿就得了，别给我添乱！你能干什么？净给我找事！你看枕巾脏了吧？一会儿我还得洗！真是不省心啊！"

孩子的模仿没有恶意，只不过他选择的抹布不正确。但就因为这样一个错误，我们如此训斥，不仅剥夺了孩子干家务的权利，也浇灭了他的热情。孩子其实很有"眼力"的，为了不让妈妈生气，他会躲开妈妈不喜欢的事情。

如果我们总是用这样的态度来对待孩子，就算他最开始的确很努力想要帮我们做点什么，但当他总是受到打击，总是得不到支持时，他也会放弃。毕竟，最初孩子的确只是为了好玩儿而模仿，可后来他也会养成好习惯，从一开始我们就伤害了他想要养成好习惯的心意，这个好习惯当然也就无法真正养成了。

结果，没事可做的孩子，除了闹不还是闹吗？而且，当孩子慢慢长大，他已经习惯了不用自己参与家务，当我们再想让他养成做家务的好习惯时，已经太晚了，孩子那不想做的态度，可全是我们给养出来的，这个苦果只能我们自己来吃。

其实孩子原本都是喜欢承担责任的，因为这会让他有长大的感觉，能够和我们做同样的事情，能够获得我们的肯定，这对他非常重要。而让孩子做家务，是让他体会责任感的最简单也最直接的方式，通过做家务，还能帮助他消磨时间，让他不再无缘无故在家中胡闹，这样的好选择可不要放弃。

默认孩子在身边的观察与模仿。

面对不了解的事情，孩子总是很具有学习精神的；对于感兴趣的事情，孩子也很乐意观察与模仿。所以当我们做家务时，孩子多半都会在一旁仔细观察，观察到一定程度之后，就会开始模仿。对此，我们不能排斥，尤其是不要说"别在这站着碍事，一边玩去"，不要把他从身边赶走，如果想让他日后也有所担当，那就允许他加入到家务劳动中。

不要打扰孩子的观察，而且还要有意识地向他展示做家务的技巧，如果他问，就好好地回答他，不过不用回答得太复杂，简单明了轻松易懂就好。

不要拒绝孩子的帮忙要求。

学了就要模仿，孩子可能在某天会突然说"妈妈，我帮你吧"，这是个好现象。不管他是为了好玩，还是真的想要来帮忙，都不要拒绝他此时的要求，既然他要帮，就让他帮，快乐且欣慰地回他一句："好呀！听到宝宝说帮忙，妈妈真的觉得宝宝长大了呢！真棒！宝宝好样的！谢谢宝宝！"

这种被肯定的感觉会给孩子带去快乐的感受，而且他也会更热衷于帮忙。不过，我们要注意，给孩子分配的任务时，要充分考虑他的年龄和能力，最开始可以简单一些，日后当他的能力有提升时，就可以增加一些难度了。

当孩子已经习惯做家务之后，还可以给他分配一些日常性的任务，告诉他这是他的家庭责任，是他作为一个家庭成员应该做的，这对培养他的责任心大有好处。

对孩子的行为少一些挑剔。

孩子的能力毕竟不那么强，所以他很有可能做不好事情，但我们不能因此就百般挑剔，而是应该在他帮忙的过程中给予他足够的帮助和提示，让他在动手过程中表现得越来越好。

尤其是孩子帮了倒忙的时候，比如帮着拿碗筷反倒摔碎了碗，帮着扫地反倒把地弄得更脏，帮着晾衣服却把刚洗干净的衣服掉在了地上，这些都不是孩子出自本意想要故意去破坏的，所以不能太过挑剔，不要因此就训斥孩子"什么都做不好"，而是应该耐心引导他，告诉他怎样做可以避免犯错，收拾残局的同时也要注意关心孩子的安全，更要注意安慰他的内心。因为帮了倒忙，孩子自己也很内疚，所以要记得向他表达关爱，让他意识到妈妈不会因为他帮了倒忙而讨厌他，不要因此而打击孩子的信心和帮忙的热情。

第五章

给足孩子安全感，让他的
叛逆情绪得以缓解

　　不管多高的建筑，都需要有地基才能建得稳固，同样道理，人的成长也需要有根基，根基稳固才能让幸福发芽，而这个根基就是安全感。幸福都是建立在安全感之上的，如果连最起码的安全保障都不存在，那么又哪里来的闲情逸致去经营幸福呢？所以，我们要给足孩子安全感，从而让孩子的"叛逆"情绪与行为得以缓解。

安全感，是孩子生命发展的必要养料

不管做什么，人们都需要有安全感，有了安全的保障，才能放心去行动。就好比是走路，只有那些能确定是坚实的路，不会随意松动、崩塌的路，我们才敢把脚放上去，才敢迈开步子，否则只要有一点不确定，我们就不会贸然前行，哪怕是绕路，也要躲开不安全的地方。

不仅是走路这样的小事，与人交往、待人处世、工作出行，全都需要安全感，如果外面的世界给我们的感觉是危机重重，相信每个人都会以保护好自己的性命为最优先的目的，其他的事都会被推到一边，更别提做什么事去体会幸福感了。

成年人尚且如此需要安全感，对于孩子来说，安全感也就显得更为重要了。孩子出生就是一个弱小的存在，需要得到父母的保护才能安全长大，所以，孩子对于安全感的需要，是非常强烈的。他需要不断去确认"世界是可以依靠的，他人是可以依赖的"这件事，然后才能确定"生活是充满美好的"，这样他才会生出安全感与满足感。

他在长大的过程中，会慢慢总结出来，爸爸妈妈是爱他的，他是安全的。然后他才能更努力地去生活，并努力地去生长，培养各种赖以生存的能力。

有位妈妈讲了这样一件事：

> 一次我和先生出门旅游，因为女儿当时才两岁多，并不适合带着一起去，便将她暂时放在了爷爷奶奶家，等到一周之后我们旅游归来才把女儿接了回来。
>
> 哪知道从那以后，女儿便听不得要把她送去爷爷奶奶家了，只要一说要去，她就会可怜巴巴地说："我不要去爷爷奶奶家，上次爸爸妈妈把我送回去，自己就走了，很长时间都没要我。"
>
> 听着女儿的话，我心里也是酸酸的，尽管本意并不是不要女儿，可我知道我们夫妻俩的行为还是给她的内心带来了一定的伤害，这才让她没有了安全感，误以为我们不要她了。
>
> 而且听爷爷说，她在爷爷奶奶家里也总是闷闷不乐，以前爱看的绘本都不看了，天天问爸爸妈妈什么时候来接她。
>
> 看来，哪怕只有短短的一周时间，对于小小的她来说，都是难熬的。事后我们想，孩子太小的时候，真的是不能离开她出远门，谁能想到这件事对她伤害那么大呢！好在我们后来极力地去弥补，慢慢地她就不害怕去爷爷奶奶家了，因为她知道我们再也不会"丢"下她了。

没有安全感的孩子，除了内心孤独，还会提不起精神来丰富自我，这个小女孩的表现就是一个例证。好在后来她的父母及时弥补，才避免了对孩子的二次伤害。

而有良好安全感的孩子，才能感觉到自己是被爱的，才会意识到自己的存在是有价值的，可以学习到更多的东西，也能掌握足够的方法去克服困难、解决问题，他更相信自己的判断，做事也会更努力，并且成功率更高。

不过，安全感并不是看得见摸得着的东西，而且也不是孩子一开始就拥有的东西，是需要他在日后的生活中一点一点去建立的。如此一来，我们应该也意识到孩子安全感的来源了，没错，就是从我们这些养育者，特别是从妈妈这里得来的。

当我们对孩子的需求反应及时、迅速且能让他获得满足，而且还能始终如一地回应他的需求时，他才会放下心来，对我们全身心地依赖。

同时，通过不断的学习，孩子也会在这个过程中，进行自我规范，并逐渐建立起对自己的基本信任，如此一来，他的安全感也就被慢慢建立起来了。

有了安全感的孩子，会将更多的注意力放在让自己成长之上，不会轻易受到外界的干扰，遇见困难也能放手去拼搏，而不是轻易放弃努力。

孩子有了安全感，可以很清晰地确定自己在这个世界上生存的意义和价值，他可以尽情发展自我，不会将时间和精力浪费在对安全感的追求上，他能确定爸爸妈妈是爱他的，会照料他，不会抛弃他，这份爱会让他有更多的机会去追求幸福并最终获得幸福。

不仅如此，安全感也会让孩子变得更为勇敢坚强，但却不会随意冒险。他也会想到爸爸妈妈的嘱咐，会沉稳地处理遇到的各种事情，虽然依恋父母，但也追求独立，可以坦然面对自己的问题，不管是犯错还是失败，他都不会陷入低谷难以自拔。这样的孩子乐于分享，能接受他人，而且不会显得刻意逢迎。

那么，若想要让孩子获得安全感，我们都要怎么做呢？

要给孩子足够的陪伴。

最基本的一点，也是最重要的一点，就是我们要给予孩子长时间且高质量的陪伴，一定要多和孩子在一起，不要让他感到和爸爸妈妈有所疏远。

这种陪伴可不是简单地在孩子身边待着，要充满爱意，充满温情，和孩子加强交流与互动，让他能肯定我们是会陪在他身边的。特别是睡觉之前，很多孩子都担心自己睡着之后爸爸妈妈就不见了，这种情况其实就是他缺乏安全感的表现，所以入睡前的陪伴我们也要重视起来。

发自内心地欣赏孩子。

在生活中，不要总是用审视的目光去看待孩子的表现，多欣赏他的表现，肯定他做得好的地方，支持他想要做的正确的事情。就算是孩子做错了，出了问题，也不要张口就是很粗暴的批评，连道理都不讲直接上手惩罚就更是不合理了。

比如，有的妈妈一到气头上就会吓唬孩子，说"你再不听话就不喜欢你了"，或者说"你再捣乱就不要你了"，这样的话就只是我们用来发泄情绪的，并不具备教育意义，反倒会伤害孩子内心情感，而且颇具有威胁意味，孩子除了感到难过并不能从中吸取教训。所以不要随便威胁孩子，也不要用他喜欢的东西、事情或人来要挟他，不要破坏他内心的安宁。

相反的，对他的表现用一种肯定的态度去对待，鼓励他把能做到事情做到且做好，这样孩子也会更有想要进一步成长的信心和能量。

营造稳定的生活氛围。

我们自己也要多加注意，为孩子营造温馨的生活氛围，同时也要严格要求自己，保证家中有和谐严谨的氛围。在家里制定合适的规则，包括孩子在内的所有家庭成员都要严格遵守，以保证家庭和睦。

其实说白了，我们的安全感越高，内心不焦虑，也就越能更好地为孩

1

子营造培养安全感的最佳环境，当我们能成为相信自己、热爱生活、关爱他人、信任世界的人时，孩子自然也能从我们所创造出来的氛围中获得更为坚实的安全感。

分离焦虑，是一种正常的情绪体验，要理智面对

所谓"分离焦虑"，是指婴幼儿在和某个人产生亲密的情感联结之后，一旦因为各种原因与之分开，就会出现伤心、痛苦的情绪，以表示拒绝与之分离的心情。这种分离焦虑，大多会出现在学龄前儿童的身上。特别是与妈妈的分离，更会让孩子感到难以忍受。

孩子与妈妈之间有着别人无法理解的亲密，未出生时，他与妈妈是一体的，出生之后妈妈又一直在他身边，他也会下意识地寻求妈妈的温暖，甚至会觉得自己依然与妈妈是一体的。这种感觉一直持续到8个月左右，孩子开始学习爬行了，日后还会学会走路，不再只能依赖妈妈去各种地方了，可以自己离开妈妈身边去探索更多的世界了，随着身体与妈妈分离这种意识的出现，他的心理也开始与妈妈分离，并慢慢意识到自己与妈妈是两个不同的个体。

大多数孩子在一两岁的时候（因个体不同略有时间差异），才会建立起物体的恒常性这个概念，在这之前，当有人把他的玩具小熊从他眼前拿开，他就会认为小熊消失不见了。而建立了物体恒常性的孩子，当有人把他的玩具藏起来，他会主动去寻找，证明他已经具备了即使物体不在眼前也不意味着永远消失这个认知。

但是，即使是意识到暂时离开了的妈妈还会回来，这种分离的感觉对孩子来说也是复杂的，他会觉得新鲜，因为他发现自己居然可以远离妈妈，可以用自己的手脚去探索周围，这种感觉也让他觉得兴奋。可是远离了妈妈，他同时也会产生恐惧和焦虑，因为他还是孩子，能力太弱，做不到的事情太多，而且他更害怕自己如果远离了妈妈，会不会被妈妈丢下。所以，他会更迫切地确认一点，是不是不管离得多远，妈妈都依然会爱他、保护他，依然愿意照料他。由此，孩子所产生的情绪就是分离焦虑。

　　1岁多的孩子最近很不喜欢过早上这段时间，因为每天早上他都要眼睁睁地看着妈妈从他身边离开——妈妈要去上班。有时候孩子刚睡醒，就要面临与妈妈的分离。这让孩子感到很不舒服，每天早上都要上演一出哭闹大戏。而且，孩子只要妈妈抱着他，妈妈一松手，他就哭个不停。到了妈妈要出门的时候，孩子更是手脚并用地扒在妈妈身上，双手抱紧妈妈的脖子，其他人怎么都掰不开他的手。

　　妈妈很多次都不得不硬把孩子塞给家人，狠心关门走开，听着孩子在家门里大声地哭闹，妈妈心里也很不好受。妈妈认为只要狠心一点就好了，孩子总会习惯，但是她发现好像一直都没什么变化，每天早上上班出门的过程都像打了一场仗一样疲惫，听见孩子哭，自己心里也难受得很。每天晚上都告诉自己，第二天早上要和孩子快刀斩乱麻，但早起一看到孩子，妈妈的心就又软了，尤其是孩子抱着自己哭的时候，她也觉得难舍难分。

要真说起来，分离焦虑可不只是孩子的专利，身为妈妈的我们也存在这种焦虑，只不过我们不会像孩子那样用哭闹来表达，可是内心的那种焦虑却可能会影响我们接下来的工作，不管做什么都心不在焉，心里总是记挂着哭闹的孩子，恨不得立刻飞到他身边去。带着这样的心情，别说是帮孩子度过分离焦虑了，我们自己恐怕都不能应付了。

所以，与其说是帮孩子解决分离焦虑的问题，倒不如说是将我们与孩子的分离焦虑放在一起来解决。因为孩子是不是可以顺利度过分离焦虑这一阶段，主要取决于我们对这件事的处理方式和态度。假如我们自己还无法摆脱内心的那种焦虑感，在面对孩子因为分离而表现出来的哭闹时，一定也无法想到更好的解决办法。

而如果孩子的分离焦虑得不到很好的安抚，那么这种害怕离别的情绪会一直持续下去，在未来，孩子可能会害怕陌生人，不喜欢与同龄的孩子玩耍，因为他潜意识在害怕一种离别的情绪，这些表现显然并不利于孩子的心理成长。不仅如此，如果这个过渡期没有处理好，孩子也会变得没有自信，缺乏勇气，负面情绪会在他的内心不断地积累增长。

因此，帮助孩子度过分离焦虑，我们也要从自己和孩子两种角度去考虑，帮助自己度过分离焦虑的同时，也就能帮助孩子度过这段焦虑期了。

选择合适的"分离语言"。

说到分离，没人喜欢承受那种不愉快的情感，不过，如果表现得太悲伤，反倒更难以走出那种负面情绪。其实和孩子的分离都不是多么长久的，至少在孩子小时候是这样。无非就是每天上班出门，就算是出差，也不过是几天就会回来。

那么关键就看我们与孩子的道别仪式是怎样一种情况了，和孩子高高兴兴地说"宝宝再见，妈妈上班去啦！下午就回来和宝宝玩！"显然要比说"妈妈要走了，宝宝别哭，妈妈也难受，不过妈妈一定会很快回来，不让宝宝一直哭"要管用得多。

因为前一种说法带着快乐的感觉，即明确地表达了自己的意图，同时还带出了一种不悲伤的情绪。关键是，说完这样的话之后，我们一定要干脆地转身离开，不要难舍难分地看着孩子不离开，也不要反复地去抱孩子，越干脆地走，越不会引起孩子更长久的难过。也许在那一瞬间孩子会哭闹，但是这种哭闹很快就会过去。尤其是日复一日都是这样的一种告别仪式，孩子也会慢慢习惯，加上我们一直都用一种明快的态度来和孩子告别，他很快就能意识到，和妈妈说再见不是什么难事，而且妈妈在下午或晚上果然也很快回到了家。久而久之，孩子也就能平静快乐地接受妈妈的暂时离开，并且也会很配合地说再见并且不会再没完没了地哭闹了。

别用吓唬或诱惑的方式来阻止孩子。

不过，切记不要用错了方法。比如，有的妈妈会恐吓孩子，吓唬他说再哭闹妈妈就不回来了，本来孩子就害怕分离，还用这样的话来吓唬他，明显会更让孩子害怕，反而起不到好效果；有的妈妈可能又会用诱惑的方式来帮助孩子度过这段时期，这也是不可行的，不管是什么东西，都不能安抚孩子的分离忧伤，反而可能导致他变得对某些物品特别依赖；也有的妈妈有可能趁着孩子睡着或没看见的时候走掉，这也是不可行的，这无疑更增加了孩子的焦虑感，孩子可能会由此得出一个错误的结论，那就是坚决不能闭上眼睛或看不到妈妈，否则妈妈就真的不见了，这样的想法会变成孩子的心理压力，影响他的睡眠与独立成长。

让孩子意识到某些分离并不是永久不见。

如前所述，当孩子一两岁的时候，他之所以会有分离焦虑，是因为他对于物体恒常性的概念没有建立，担心一旦看不见妈妈就会永远看不见了。所以我们要向他证实，这种分离并不是永久分离。

比如，如果是上班，就要明确告诉他"下班后妈妈一定赶紧回家"，而且下班后真的要立刻回家，让他知道妈妈没有骗他；如果是出远门，也要告诉他自己一定会回来，假如是长期出远门，就要在不在的时间里经常打电话，经常和孩子联络感情，以保证他能感受到妈妈还是爱他的。随着时间的推移，孩子的认知也会得到进一步发展，此时他对于妈妈离开之后还会再出现这件事就会很笃定，当孩子明白这一点之后，分离焦虑会明显减轻。

在能陪伴孩子的时候，注意陪伴的质量。

很多妈妈是职业女性，休完产假就要回单位上班，做不到像之前一样，时时刻刻陪在孩子身边。此时无论是妈妈还是孩子，都能感受到明显的分离焦虑。此时，我们要更加注意陪伴的质量。

当我们可以陪孩子的时间，尽量多和孩子在一起，让他知道虽然妈妈会离开，但是妈妈是很喜欢和他在一起的，也很珍惜和他在一起的时间。亲子的时光可以做游戏、讲故事，做孩子喜欢的事情，总之要尽情享受难得的亲子时光。当孩子对于陪伴的需要被满足之后，他的安全感就会慢慢建立起来，也会有很大的满足感，此时，当他再面对和妈妈分离的时刻，内心就不会慌张，因为他知道，妈妈下班就会回来陪他，妈妈是爱他的，不会离开他。当孩子建立了这样的认知后，分离焦虑就会慢慢消失。

孩子总爱黏人——别再增加他内心的不安全感

家有黏人宝宝，是很多妈妈身上"甜蜜的负担"，孩子与自己亲近自然是件好事，不过有时候他却显得太黏人，一点也离不开妈妈，不管做什么都必须要妈妈陪着，只要妈妈在身边，别人都可以退居其次了。

忙碌了一周的妈妈，终于可以在双休日好好歇一歇了，可是已经快要3岁的宝宝却从星期六早起开始就黏上妈妈了。

　　妈妈原本想要睡懒觉，但宝宝却醒得非常早，不停地喊着妈妈，非要妈妈抱抱。接下来，妈妈可就什么都做不了了，几乎不能松手，宝宝一直要求妈妈抱着，不管做什么都要抱着，妈妈去哪儿他也要求去哪儿，妈妈一说要放下他，他就闹着不干。就连妈妈要上洗手间，他也不肯从妈妈身上下来。

　　结果妈妈在家休息两天，宝宝就缠了她两天，原本妈妈还想做点自己的事，可时间却全被宝宝占去了，她觉得这休息日真是比上班时间还要累。

　　但妈妈没想到的是，烦恼在星期一早上又继续了，原来和妈妈黏缠了两天的宝宝，星期一一大早一看妈妈穿戴好了又要出门上班，他可不干了，大哭起来，伸着两只小手要妈妈抱，不管其他人怎么哄都不行。妈妈无奈之下把他抱到了怀里，原想抱一抱就松开，可宝宝不但没有松开手，反而对着家里其他人挥了挥手，意思是他要跟着妈妈一起出门。

孩子依恋母亲，这是正常现象，几乎所有的妈妈都会经历孩子黏人的阶段。这时的孩子已经可以自己走路了，身体相对自由了一些，这种可以独立行动的感觉给孩子带来一种精神上的发展与飞跃。但是，身体自由的同时，孩子也会意识到自己是可以和爸爸妈妈分开的，尤其是和妈妈，他也是可以很轻易地就离开，这又会给他带来一种矛盾的心理。所以我们会看到这样的情景，孩子摇摇晃晃地走几步路，但可能很快又会四处寻找妈妈，一旦找到了，就又摇摇晃晃地扑回来，或者即便是要走也一定得抓着妈妈的手，就算妈妈再怎么鼓励他自己走，他也不肯放手。还有的孩子暂时会对其他玩具、游戏有兴趣，可本来玩得正开心的时候，他却会忽然抬头寻找妈妈，要么扑过去，要么喊妈妈几声，让妈妈将注意力再集中到自己身上。当然这个时候要是妈妈想要离开他身边，那就更是难上加难的事情了。

不得不说，黏人的孩子的确让人觉得手脚都被束缚了，可是"黏人"却是所有孩子迈向独立的第一步，更是他建立安全感的关键时期。这时他需要确认，"我和妈妈已经不是一体了，不能时刻都在一起了，那妈妈是不是还会无条件、一成不变地爱我"，所以他才会黏着妈妈，想要从妈妈的言行举动中去获得自己想要的答案。于是生活中才会出现这样的情况，只要妈妈在，孩子就不找别人，总是缠着妈妈；经常希望妈妈抱着自己，不管做什么事都必须要妈妈陪着才行。

孩子的这种急切、渴望的心理，是对爱的呼唤，虽然他现在已经很渴望独立了，但是他需要有人能支持他，更需要有人能给予他无条件的安全与保护。这是孩子成长中的一个关键时期，我们可不要采取错误的教育，否则一旦孩子的依恋模式出了问题，他就很容易会成为缺乏安全感的人。

有一种情况，有的妈妈因为孩子对自己很依赖，为了让孩子安心，就肆无忌惮地宠爱，结果导致孩子恃宠而骄，反倒缺失了独立性，就连自立能力也被消磨不见。

还有的妈妈对待黏人孩子的态度是依据自己的情绪而变化的，情绪好的时候就顺从孩子想做什么就做什么，可如果情绪不好，就会毫不犹豫地推开孩子，甚至还会训斥他，更有的妈妈还会完全不顾及孩子的感受，经常不辞而别。

错误的方法只会增加孩子内心的不安感，并不利于他独立性的培养，所以我们还是要回归最初孩子的期望，那就是在每天的生活细节中向孩子证实："你是妈妈的宝贝，我会一直爱你！"

耐心应对孩子的黏，不要急着撕掉这块小"膏药"。

有时候孩子的确很黏人，黏到让妈妈"寸步难行"的地步，这时我们一定要有耐心，那就暂时先什么都不做，把时间调整一下，把该做的事情安排好，将时间腾出来陪伴孩子，让他紧张的心情慢慢平复下来。

平时多注意与孩子进行情感上的交流，多和孩子聊聊天，听听他的发现，和他一起做他喜欢的事情，对他说说我们的感觉，在他有情绪的时候多给予关注和帮助。对孩子的爱是要渗透在日常生活中的，而不是只在他哭闹的时候安抚一下，越是细水长流式的爱，才越能让孩子的安全感慢慢建立起来。

利用短期分离来让孩子逐渐适应分离。

当然也不是说一定就和孩子总是时刻黏在一起，否则孩子也会真的产生依赖心理，更不能离开妈妈了。尤其是全职妈妈，即使我们有大把时间陪孩子，但是孩子终归要去上幼儿园，还是要面对分离，为了避免到时出现哭得"撕心裂肺"的场面，在孩子快要入园的前一年，适当地创设一些短期分离的机会，引导孩子逐渐适应分离。

比如，给爸爸和其他家人一些与孩子相处的机会，同时，也要让孩子知道，妈妈离开并不是不喜欢他了，只不过妈妈也有其他事情要做。同时，妈妈也可说出对孩子的期望，告诉他："尽管妈妈不在身边，但妈妈相信你一定会很勇敢。"在我们回来之后，家人也会对我们讲述孩子的表现，无论好与坏，妈妈都要以表扬为主，还可以适当褒奖孩子，作为对孩子的鼓励。通过这样的方式，让孩子知道妈妈即便不在身边也对他依然挂念，而且也能知道他有好的表现，这对孩子是具有鼓舞作用的。

用其他方式来转移孩子的注意力。

如果没有别的可吸引孩子的事物，他自然会将关注的心放在他最亲爱的妈妈身上，一旦孩子找到了让他感兴趣的事物，他就会全身心地投入进去，探索研究或重复做感兴趣的事情。

所以，我们就要抓住孩子的这个特点，用其他方式来转移他的注意力。比如，平时要多带孩子接触大自然，多接触更多的人，培养他具备更多的兴趣爱好，当他接触的人和事越来越多时，黏人的行为自然会慢慢减少。

不给孩子贴"胆小"的标签，不强迫他接纳"陌生"

一位妈妈讲了她女儿的故事：

> 女儿出生后，一直是爸爸妈妈帮着我带她，公公婆婆因为离得远，家里也有老人要照料，所以和女儿接触得比较少，只是每个月来个一两次。可是，就这一两次，女儿也有些受不了，用公公婆婆的话来说就是，"这孩子怕生胆小"。
>
> 不过我却觉得也算事出有因，因为我自己带着女儿出去玩，不管是去超市还是去菜市场，她见的陌生人也不少，可却从来没见她大哭大闹过，而且有些人笑眯眯地温柔地和她打招呼，她也会回应，完全没有怕生的样子。
>
> 但每次公公婆婆来的时候，他们可能是习惯了大嗓门说话，叫女儿的名字也是大嗓门，一群人一下子围上来，非要抱抱，非要让女儿叫人，尽管也是笑眯眯的样子，但也喧哗得很，女儿在这样忽然涌来的过度的关注中，难免会被吓哭。

我其实不那么喜欢女儿被说成是"胆小"，所以只能委婉地提醒公婆尽量给孩子适应的时间，她自然就会慢慢地接纳爷爷奶奶了。

这位妈妈提到的情况很常见，很多孩子都会出现这种"胆小怕生"的现象，在熟人面前孩子才会表现得轻松自然，但遇到了陌生人，尤其是一上来就对他表现得过分熟悉时，他也会有不想理人、甚至因哭闹的情况出现，而一旦陌生人远离，不在他眼前出现时，他往往也能立刻恢复平静。

所谓怕生，其实就是孩子对陌生的人或事物产生的一种未知的恐惧，因为他不能确定这些人和事物会不会伤害他，他是不是安全的，他没法迅速作出判断，而面对"危险"的时候，躲开总是对的，这是孩子会出现胆小怕生表现的最重要的原因。

婴儿出生四个星期到六个星期时，就已经开始有认生的表现了，随着慢慢长大，每个成长阶段他都会有不同的认生表现。这其实很好理解，随着成长，孩子的思维越来越复杂，知道的东西也越来越多，他恐惧的内容也就越来越丰富。只不过，越长大，他越能具备更好的反应能力，也就能更好地应对各种问题。事实上，有怕生的反应还应该是一件好事，这表明孩子已经启动了自我防御机制，他会更好地保护自己。

就拿对待陌生人来说，孩子对陌生人的抗拒，除了与自身的怕生有关，也与陌生人的某些态度有关。孩子都是率真的，他会很明确地表现出不喜欢，就算是成年人，在面对陌生人的连续示好或其他看似热情的对待时，尚且会存有一丝戒备，也会想要疏远以保持距离，更何况是孩子。不管是陌生人的热情拥抱，还是不断地对孩子的大呼小叫，都会引发他的"自动防御"，孩子不懂掩饰，不会像成年人那样快速转换情绪，所以他只能用大哭来表达自己的不满。

看到孩子哭闹，我们也会觉得心疼，有的妈妈会想得比较极端，既然孩子怕生，那干脆就不让他见生人好了，不让他多出门，也提醒周围的熟人亲人不要经常来串门，由此将孩子限定在了家中这一方小小的天地里。虽然孩子不会再因为看见生人而哭闹，但却也不可避免地再也看不到更广阔的天地。孩子认生这个阶段说长不长，但却不是说躲着藏着就能过去的，相反的，越是藏着，孩子会越胆小。特别是当我们还总是用"他胆小"这样的话来给孩子打圆场，这就无疑更让他自己都坚信自己胆小了。

　　既然如此，我们也就不能直接给孩子贴上"胆小认生"的标签了，不要在孩子对陌生人大哭的时候说"他很胆小"，因为这样说出来的话，维护的只是我们自己的面子，这对孩子是不公平的。

不要当着孩子的面说他"胆小怕生"。

　　孩子看见某些陌生人或面对某些陌生事物时表现得不够大方，躲起来或哭闹起来，这是很正常的。可是我们却不要当着他的面就向外人解释他是怕生才这样的，否则孩子会从我们的解释中产生自己不是好孩子的错觉，这可能会导致他在日后更加不愿意与生人接触，因为只要接触我们就会说他怕生，他也会想要躲避这种情况。

　　面对孩子的这种怕生表现，我们应该维护他，理解他的感受。特别是当别人说他怕生的时候，我们不要随声附和，可以安慰他，可以鼓励他，要让他知道我们将会一直站在他身边支持他，所以他没必要害怕。

不要强迫孩子必须快速接纳陌生的人和事物。

　　除了孩子经常接触的家人，其他人不管与我们多么亲近、熟络，也不要让孩子立刻卸下防备，可以和周围人先打好招呼，提醒大家暂时不要用太过热情的态度来对待孩子。我们自己也要用彬彬有礼的态度来和周围人相处，孩子自然会模仿我们的表现，而且随着接触的人越来越多，经历越来越丰富，孩子胆小的表现也就不那么明显了。

有些陌生的事物，孩子没见过，有胆小的心理很正常，这时也可以先让他在一旁看一看，给他讲一讲，不要强迫他接近，而是等他自己产生了好奇心去接触，到那时再鼓励他接近也不迟。

扩大孩子对陌生人和未知事物的接触范围。

多带孩子与周围人接触，鼓励他多结交朋友，和更多的同龄人一起活动。尤其是当孩子到了3岁时，就可以把他送进幼儿园了，这样他将能接触到更多的人，也有助于消除他过分怕生的感觉。另外，没事的时候最好多带孩子与小区里的其他孩子在一起，鼓励他慢慢地融入集体中，以慢慢消除他对陌生人的恐惧感。

不过有一点要注意，虽然我们鼓励孩子交朋友，但是对于一些陌生人他还是要有警戒心的。特别是那些成年陌生人，我们要反复叮嘱他，不能随便和陌生人交谈，不接受陌生人的馈赠，就算是陌生人带着孩子，也要远离那些太过热情的人。毕竟，安全是第一位的，可不要为了锻炼孩子就置他的安全于不顾。

同时，也要带孩子增长见识，多见见他没见过的景色，多带他去博物馆、展览馆、科技馆等地方。尽管孩子很小，但是这并不妨碍他对新鲜事物的接纳，而且越早带他接触更多的事物，也能越早打开他的视野，更能及早消除他对未知事物的恐惧。

别把孩子教成"冷漠又孤独"的小孩

在我们的理解中，孩子都应该是快乐的，可以对着家人尽情欢笑，与其他小朋友也能和谐相处，对待外人也有最基本的礼貌。但是现实却总是会打破我们美好的愿望，很多孩子完全没有那种快乐的热情，不只是外人感觉，就连最亲近的妈妈都会感觉到孩子有时是冷漠又孤独的。

> 有位妈妈就很担心自己3岁的孩子，孩子刚上幼儿园，但是她发现孩子并不像其他孩子那样活泼。在家里的时候，妈妈对孩子要求严格，希望他能做好所有她要求他做的事情，孩子尽管有时候会反抗，但是也能做得很好。虽然有时候孩子会出现不理会的情况，但妈妈只要再严厉一点，孩子最终都会妥协。
>
> 妈妈原本以为孩子这样是很听话的表现，可是后来幼儿园的老师反映，孩子并不那么活泼，在班里也不合群，老师说的话他也经常不听，让他做什么他却偏偏不做，其他孩子们都能玩在一起，只有他自己坐在一旁，有时候还会自言自语。

孩子为什么变成了这个模样？其中一个原因是我们对孩子要求过于严格，总是怕孩子做不好，也总是见不得孩子犯一点点错，所以在对待孩子的态度上就不自觉地严苛起来。尤其是孩子犯错的时候，我们会变得更为严厉，声音会提高八度，训斥的话也会变得很不好听。孩子并不喜欢这样的教育，久而久之，他也会学会用"听不见"来应对，不仅仅会听不见爸爸妈妈的话，也会听不见其他人想要教育他的话。而且他已经习惯了自言自语，自然也就不与他人亲近了，即便是同龄人，他也不会多加亲近。

特别是3岁以前的孩子，正好处在对父母的依恋期里，如果我们表现得不好，不管是严厉对待他还是时不时远离他，都会让他不自觉地陷入自己的世界里，越来越多地采取"内部对话"来弥补这种在外无法获得的温暖。

另外，有些妈妈会让很小的孩子就去学很多知识类的内容，孩子过早地就开始接触知识性学习，智力被过早地开发，结果反倒阻碍了孩子认知能力的正常发展，导致他身心发展的正常规律被破坏，进而产生不合群、情感冷漠、交流不畅等不良后果。

3岁以内的孩子，最重要的是情感的沟通，正确的情感教育才不会培养出冷漠且孤独的孩子。也就是说，我们需要对孩子不断地进行情感的刺激，让他时刻沐浴在爱之中，只有感受到爱，才能有样学样地表达爱。多给予孩子爱的刺激，就相当于给予孩子鼓励与信任，他也会变得充满爱。

既然如此，我们就要适当调整自己日常生活中的表现了。

首先是不要对孩子要求太严格，一定要注意以下两点。

其一，不管是学习还是生活中，孩子总要慢慢来，不能急切地要求他的能力在短时间内就达到令我们满意的程度。所以，要允许孩子慢慢地来，我们教的时候也要慢慢地教，不能急于一时，给孩子足够的学习、揣摩时间，给他足够的练习时间。最重要的是，要允许他犯错，不要总是提醒他"不能出错"，允许他自己摸索，告诉他最基本的东西，剩下的就让他自己来，错了再改正。在错误中进步的孩子，记忆才会更深刻。

其二，不要强迫孩子学得太多，还是那句话，孩子的成长是一个自然的过程，到什么时候学习什么，到什么时候要做什么事，都是孩子自己的事情，不能过分强求。揠苗助长只会让孩子的智能被过早开发，这显然不是一件好事。就好比是毛毛虫破茧成蝶的过程，如果我们嫌弃毛毛虫破茧的速度太慢，哪怕只是早一分钟人为的去剥开茧，毛毛虫都会因为时机不到而打不开翅膀，无法变成真正的蝴蝶，最终只能无奈死去。

因此，不要觉得别的孩子学了那么多东西，自己的孩子不学就是落后了，孩子只要是在正常的成长发育就完全没问题，该学的东西在合适的时间学，他自然就会学会。这时需要放下心来的应该是我们自己，妈妈越是用平常心对待孩子，放弃那些过高的标准或期望，孩子越是能愉快地成长。

接下来，就要和孩子好好进行情感沟通了，孩子的喜怒哀乐我们都要接纳，特别是在他闹情绪的时候，我们更要理解体谅他，对于那些负面情绪，要多思考，想办法帮助孩子正确认识他自己的情绪，并引导他走出负面情绪。告诉他，我们会接纳他，也会好好爱他。

当然，我们也要信任孩子，对于他的能力、表现都要予以信任，多鼓励他，多夸奖他的良好表现，多拉近彼此的关系，帮助孩子的情感能够正常发展。

如厕训练——不要给孩子过大压力，顺应自然更好

孩子的如厕训练是一件大事，先来看这样一个故事：

> 一位妈妈很早就给孩子买好了便盆，不过没有强迫孩子去坐，17个月的小姑娘对便盆的感觉也就是一件不一样的玩具。所以，妈妈只是告诉孩子这是什么，是做什么用的，没有多说其他的。孩子自己有时候也会上去坐一坐，但只是纯粹觉得好玩。
>
> 一个月后，孩子有一天忽然拿着便盆来到妈妈面前，奶声奶气地说："妈妈，尿尿。"妈妈一听，手疾眼快地将便盆拿过来放在了孩子小屁股后面，然后说："坐下吧。"孩子刚坐下就撒了一大泡尿，这是她人生中第一次自己主动如厕。

对于这样的场景，很多妈妈都会很羡慕，也强烈希望自己的孩子能快速掌握自主如厕的能力。不过，有相当一部分妈妈却采取了不那么正确的方式。

很多妈妈在孩子还很小的时候就开始了如厕训练，有的孩子甚至都不会走，妈妈就已经开始了"把尿"行动。妈妈采取各种方式来催促孩子排便，并且还以孩子能在"促进"下排便感到很自豪。

可是，很小的孩子其实并不具备自主排便的意识，即便他可以在各种催促之下排便，只能说，妈妈把尿的时间正好赶上了他要排尿的时间，只能说妈妈对孩子排便时间掌握得很好罢了，但孩子本身的肌肉控制能力并没有发育完全，所以他并不能凭借自己的主动意识去控制排便。

而有的妈妈在孩子不能自我控制便意的时候，反倒训斥他，尤其是对一两岁的孩子来说，他已经可以感受得到妈妈说的是什么了。妈妈很随意的训斥，会让他产生一种恐惧心理，反而让他对自主排便这件事产生排斥。

所以，孩子只有在身体发育到一定程度，生理发育逐渐趋于完善的时候，他才有条件进行如厕训练，并可能成功，否则任何一种提前训练，都可能会导致训练失败。

有位妈妈把两岁多的孩子送进了幼儿园，但是很快老师就告诉她，孩子在幼儿园里有尿床和拉裤子的情况出现。

可是，休息日在家时，妈妈却发现孩子能很好地控制大小便，并不像老师所说的那样。但一去幼儿园，妈妈很快就又收到了老师的"投诉"。

妈妈很疑惑，因为她早就在孩子一岁多的时候就把他训练好了，他早就已经可以自己大小便了，就因为这样，妈妈才送他去的幼儿园。

　　妈妈很气愤，认为孩子是故意用拉裤子来抗议去幼儿园，所以训斥了孩子。哪知道孩子依然"我行我素"，在幼儿园拉裤子的情况反倒与日俱增。

　　这位妈妈就对孩子采取了错误的教育，不仅过早训练孩子如厕，而且还总是训斥孩子，这才导致孩子在幼儿园如厕屡屡"失误"。

　　很明显，孩子在幼儿园这个陌生的地方，面对陌生的老师和其他孩子，他会紧张，自然也就难以控制大小便，在家他很熟悉也很轻松，控制力也就会有所提升。而且，很多小孩子的"自主"排便，是在妈妈的帮助下完成的。在家妈妈可以及时关注他并提醒他，可是到了新环境，他会由于紧张产生憋尿等行为，再加上幼儿园的老师不可能像妈妈那样去时时关注他，所以，"失控"的状况就出现了。

　　所以，如厕训练，不能给孩子太大的压力，顺其自然地发展是最好的。

　　相比较而言，女孩对大小便的控制能力要比男孩成熟得更早，她在15个—18个月时，就已经会主动找妈妈表达自己的便意要求了，而在接下来的时间里，她会在自己感觉便意时提要求，而且还能等待，这时的女孩就可以脱离纸尿裤，而选用训练大小便的短裤了。过了两岁半，一部分女孩就已经可以自己控制排便了。所以在这样的时间段，我们应该注意加强训练。

　　但对于男孩来说，时间会错后一点，两岁半到3岁时，大部分孩子可以憋尿一两分钟了，才可能有机会开始训练，这时再去训练会更稳妥。

　　另外，男孩和女孩如厕时的动作是不同的，我们也要根据孩子的性别来教他学会正确的如厕动作，以保证他完成排便过程。

　　训练孩子如厕是一件很考验耐心的事情，所以一定不能着急，强迫孩子是绝对不行的，否则他会用不好好训练来进行反抗，还可能会用随地大小便来进行抗议，而且强迫孩子还会对他日后的排便心理产生影响，不仅让他难以控制便意，还可能会影响他成年后的性格。除此之外，也不要打骂或给他任何压力，每次他能自己完成如厕时，最好多奖励，鼓励他更为主动地自己进行训练。

一定不要和孩子较劲，假如孩子比较配合，那么到两岁半左右时，孩子就可以学会自己大小便了。可如果我们和孩子一直拧着来，那么他的大部分精力都将会被放在"斗争"之上。所以，还是那句话，一切顺其自然，不要强迫孩子必须自主控制大小便，多一点耐心，多一点温柔细语，孩子总会自己学会的。

在使用便盆这方面，在训练初期，可以选择适合孩子的小便盆，特别是有些便盆的设计很卡通，孩子用起来也很方便。当他可以自如地使用之后，就试着让他使用马桶。特别是坐式马桶，大多数孩子不喜欢用马桶，因为担心会掉进去，所以我们可以给他准备专门为孩子设计的马桶垫，或者给他在马桶前放一个小台阶，方便孩子的使用。

如厕训练中有一项重点任务，就是夜间控制便意的训练。夜间控制小便的能力发育得比较晚，两三岁的孩子憋尿最长也不过四五个小时，如果孩子经过训练已经不用穿纸尿裤了，那么在他睡觉前，最好让他上次厕所。当然了，这并不能阻止孩子出现尿床的现象。但这时候孩子尿床是正常的，因为孩子的大脑传递的信号，孩子还不能很好地感觉到，沉睡中的孩子只有能回应"憋尿或醒来上厕所"的信号时，他才可能不尿床。只有神经系统成熟之后，他才会对这些信号有反应。

因此，对于孩子的如厕训练，要遵循自然的原则，训练不可少，但是要在孩子各方面生理成熟之后进行，这才是比较稳妥且有利于孩子心理健康发育的方式。

一有事就躲在奶奶身后——"庇护"不能让孩子成长

很多家庭中，爸爸妈妈都要为养家而辛勤工作，孩子无人看管，便只能由家中长辈来带。即便是工作没那么忙，没有经验的新手父母为了保险起见也会请老人来帮忙。

这样家庭中的孩子，在3岁前，他的大部分时间都将是和老人在一起的，也将接受老人给予他的各种教育。

老人们对于隔辈人都是很疼爱的，看着自己的第三代，他们往往会表现得比对亲生子女还重视。加上现在的生活条件明显比过去要好很多，老人们会发现有更多可以用来哄孩子的事物都可以用上一用。疼爱之心加上物质条件充沛，孩子就如同进入了被完全宠爱的保护圈，在他的小天地里"唯他独尊"。

可是这样的做法时间一长，问题就会出现了，因为被老人宠得太过分，孩子会变得"狡猾"起来。平时不管与谁一起玩闹，都会显得很没有分寸，即便是与长辈也毫不在意，没大没小不说，还总显得很霸道，任何人都不能违背他的心意。而一旦他闹出了问题，就会立刻躲到老人的身后，摆出一副"与我无关"的样子来，老人在这时候也多半都会护着他，帮他逃避我们或其他人的指责训斥，甚至不惜自己将他的过错揽过来。

孩子钻了我们不能苛责老人的这个空子，躲在老人背后对我们做鬼脸、逃避责任，很多时候妈妈会很疑惑，长此以往，这可怎么办？

有位妈妈也有这样的疑虑，平时儿子在家时，都是姥姥看着的。姥姥对于儿子不小心磕了碰了的情况很在意，每次儿子被撞到了，只要他一哭，姥姥就抱着他说："谁撞了我们宝宝啦？姥姥给你打他！"一边说，还一边伸手打桌子、墙之类的东西几下。

妈妈一直觉得这样做很不好，可是姥姥却很坚持。

直到有一天，儿子在外面打了别的孩子，只因为那个孩子不小心撞倒了他，他就毫不犹豫地伸手上去，边打边说："你撞了宝宝了，打你！"

妈妈很生气，给那个孩子的妈妈道了歉，接着就把儿子带回家，刚想要教训他，可他却躲到了姥姥身后，姥姥拦着妈妈不让训斥，还说"孩子不能被人欺负，欺负了打回去也没什么"，孩子仗着有姥姥撑腰，毫不畏惧妈妈的教训。

老人对孩子都很疼爱，这份心没错，但方法却用错了。只是一味地宠，并不能换来孩子的成长，孩子学不会承担，只知道躲避和仗势欺人，这并不利于他健康人格的发展。而且，很多孩子已经习惯了老人的宠爱，没有老人帮忙他什么都做不了，老人也只能宠爱他一个人，可老人一旦不在他身边了，他就会表现得懦弱且无能。

我们明白这样的道理，可是有的老人并不这么想，他们关注更多的是孩子的吃饱穿暖的问题，更关注自己在孩子身边的时候是不是能让孩子不受委屈，至于其他的他们才不会多想。很多老人在教育方面还是有些欠缺的，所以关于隔辈人对孩子的教育问题，我们也应该和老人好好沟通一下。

在沟通之前，我们先要整理一下自己的想法。为了更好地教育孩子，相信每位妈妈都会翻看一些教育书籍，对当下的一些教育理念多少都有了解，要采取什么样的教育方法才是更合适的，我们也会有所学习。

那么对于自己的这些学习内容或学习成果，可以和老人们交流一下，但方式一定要委婉，要能做到"怡吾色，柔吾声"。也可以买一些专门讲解隔辈人教育的书籍，放在老人可以看得到的地方，哪怕他们只是简单翻几页，也能从中有所收获。

要注意的是，沟通的过程中一定不要和老人起冲突，不要说老人的教育是没用的，更不要说他们就是在添乱。毕竟，老人对孩子的疼爱并不比我们少，他们更希望能帮助我们，更希望能用自己的经验来解决我们遇到的问题。所以老人都是好心的，我们要体谅他们的好心。特别在面对公公婆婆的时候，我们更要委婉柔和一些，不能直接指责公婆的做法是错误的，一定要肯定他们的辛苦，但同时也要将我们所坚持的东西和公公婆婆进行交流，但不要强迫他们接受。

至于说老人已经给孩子养成了坏习惯，也不要当面指责老人，我们可以在日后的时间里默默地给孩子纠正过来，要经常让他接触正确的示范，以保证他不会养成坏习惯。要注意的是，不要对孩子说"别听奶奶的话，她说的都不对"，否则孩子很单纯，他会很直接地将这话告诉老人，如此一来家中的矛盾可就没法避免了。对孩子也要明确告诉他"爷爷奶奶、姥姥姥爷都很疼你，爸爸妈妈也疼你，都希望你好，所以你要努力变得更好，让他们都高兴"，这样明确的表达，多少能让孩子意识到养成好习惯才是正确的做法。

最重要的一点，是我们要和老人处理好关系，因为只有关系良好才能保证彼此的交流持续下去，才能在孩子教育的问题上有更合理的交流，老人也才可能听得进去我们所说的话。否则，一旦我们和老人关系不好，那么老人就会有很多怨言，孩子也会深受其害。

不仅如此，还要多关注老人的感受，不能让他们误以为我们完全否定了他们的付出，对老人的辛苦付出我们要看在眼里，也要回报在行动上，对孩子的教育问题，就事论事理智地和老人沟通。

　　而对孩子，我们也要提醒他，家里的长辈都是爱他的人，正因为爱，才不能做他的某些行为的"包庇者"和他的毫无原则的"保护神"。我们一旦做错事，躲起来是不负责任的表现，勇敢承认错误，大胆地承担责任，并积极地改正错误，也是一种好的表现。

第六章

用稳定平和的情绪化解
孩子的叛逆心理

　　孩子健康快乐地成长，是所有妈妈都希望的。可希望和现实有时候是相悖的，因为很多妈妈总是有着极其不稳定的情绪，轻易地会出现情绪变动，也会影响自身的健康、家庭的和睦，更会影响孩子的快乐成长。也就是说，妈妈的糟糕情绪不仅让自己深受其害，还会拉开和孩子的距离，加剧他的叛逆心理。所以，只有我们拥有稳定平和的情绪，自身和家庭才会更和谐，孩子才可能变得身心愉悦，从而不再有叛逆情绪和行为。也就是说，妈妈平和的心态是孩子健康成长的根基。

妈妈情绪好，孩子更容易得到满足，不叛逆

人的情绪是一种神奇的东西，好的情绪会传染，坏的情绪更是会无边蔓延。在一个家庭中，如果一人情绪好，那么全家人的情绪也都能迅速被带动起来，全家上下也很容易沉浸在快乐之中。相反，假如有一人情绪陷入低谷，那么他所散发出来的负能量也会很快吞噬家中所有人，迅速让全家上下都笼罩在一片阴云之中。

这种情绪感染在孩子与妈妈之间会显得更为明显。举一个很简单的例子：孩子经常会因为我们所不知道的原因哭闹起来，如果我们平静地安抚他，他也很快会被这份平静感染，当他情绪平复下来之后，就能很快地问出哭闹原因，并很快想办法解决了；可如果我们也被他的哭闹惹恼了，变得暴躁起来，连训斥带阻止，孩子不仅不会安静，反而会因此哭闹得更为厉害，至于说后续的处理自然也就无法实现了。

可见，妈妈情绪的好坏，将会直接影响孩子的表现。妈妈如果情绪好，孩子也更容易获得满足。可是，并不是所有的妈妈都能那么好地控制自己的情绪，我们经常能看到很多颇为情绪化的人，心情好和心情不好的时候，真的是"冰火两重天"。有人认为自己这样的情绪鲜明是有个性的表现，但殊不知，我们不恰当地表现自己的个性，却会给孩子带来心灵的伤害。

妈妈下班回家后感到无比劳累，工作上的烦心事让她总也无法平静下来。而此时，孩子却兴高采烈地扑过来想要和妈妈一起玩，妈妈无奈地说："我很累，你自己玩去吧。"孩子有些固执，在一旁哼哼唧唧地拉着妈妈，不依不饶。

妈妈本来就心烦劳累，孩子再这么一磨她，她觉得更难受了，忍不住对着孩子吼道："我要累死了，你看不见吗！一边玩儿去！"孩子被吓了一跳，看到妈妈皱着眉的严肃的脸，看着妈妈对他不耐烦地挥手，他感到委屈和害怕，一下子哭了起来。

这下，妈妈感到更烦躁了："你哭什么呀！我都要烦死了，你还在这儿哭个不停！别哭了！再哭就不喜欢你了！"可哪里知道，妈妈说完这话之后，孩子哭得更厉害了。

结果妈妈忍无可忍，抄起电话给爸爸拨了过去，又是一番狂风暴雨地脾气发泄，孩子也在一旁哭起来没完，家中一片混乱。

当妈妈把自己的情绪爆发出来时，孩子其实并不能很好地理解妈妈这只是在"借题发挥"，他只会从妈妈的情绪中感到自己的错误，他会觉得是自己让妈妈变得不高兴了，因此他也会产生负罪感。尤其是当妈妈又跟爸爸发了一通脾气之后，他更感觉自己才是那个惹妈妈不高兴的元凶，这种负罪感会更强烈。

可实际上呢？导致这种局面的元凶，是我们自己的坏情绪，我们可不能让孩子承担所有的责任。情绪化并不是好的个性表现，至少在孩子这里，是很不好的表现，如果有可能的话，一定要避免我们被情绪所左右。

尽量把坏情绪挡在家门之外。

作为成年人，我们在外面工作、交友的过程中，总会出现各种摩擦、磕碰，也会遇到困难、失败，这些都能很容易就引发我们的坏情绪。有些坏情绪可能能在工作或处理其他事情中得以解决，但有些坏情绪就没那么容易被消除了，我们可能会在不经意间就把这种负面情绪带回家。

想想看，孩子满心欢喜地在家迎接我们，我们却一脸怒气地走了进来，这对他来说也是一个不小的冲击。所以那些坏情绪，能在家门外解决的就在家门外解决，就算一时半会儿解决不了，也暂时不要多想了，进了家就应该给孩子带来一片快乐温馨，而不是任由我们的坏情绪在家中蔓延。

如果总觉得自己的情绪不稳定，也不妨推迟一下回家时间，让自己的心情平复之后，再进家门也没问题。只不过，要提前和家里打好招呼，尤其是先安抚好孩子，以免他等得着急。

无论多小的事，都不要迁怒于孩子。

对于有些妈妈来说，坏情绪的到来是不会选择时机的，它想什么时候来就什么时候来，不会管孩子是不是在身边。这个时候，我们应该做的是尽量不要让这些坏情绪影响身边的孩子。

情绪起来了，一定要好好控制，深呼吸或找些事情做，以转移一下注意力，不要借故开始发泄，更不要把孩子的旧账翻出来用训斥他来发泄自己的不满。即便是孩子的问题导致了我们的坏情绪，也不要贸然爆发，一定要考虑孩子的感受。

如果情绪真的一时间难以控制，就先让孩子离开或自行离开，等情绪平复之后再和孩子亲近，要尽量避免让我们的坏情绪波及孩子。

学习并掌握调节情绪的方法。

坏情绪不是难以治愈的顽疾，但是也不是说每次扛一扛或不去理会就能过去了，坏情绪如果没有得到很好的排解，就会一直在内心积压，久而久之也会影响我们的身心健康，而且还可能会改变我们原本开朗的性格。

坏情绪总是会有源头，先想想那些源头，考虑一下到底值不值得这样发泄，其实没有什么事情是过不去的，将问题解决了，情绪自然也就没那么坏了。

可以听听舒缓的音乐，和别人聊一聊，找点事情做，让情绪慢慢平复下来，只要不是在暴怒中，人总是有压制坏情绪的能力的。

另外，对于女性来说，每到生理期可能都会有情绪不稳定的时候，这也同样需要我们的自我调节，同时也要提醒家中的其他成员，在这个时候要多体谅，有家人的帮助，相信妈妈们一定可以找回平静的自己。

照顾好自己的身心，不让糟糕情绪加剧孩子的叛逆心理

做一个好妈妈有多难？很多人都在思考这个问题，很多人也都真心希望自己能渡过各种"难关"做一个好妈妈。

我们无不希望自己成为孩子心目中那个伟大的人，也希望成为他所期待的完美的人，可是现实却并不那么如人愿，虽然同样都是妈妈，有的妈妈表现得健康又有活力，每天看上去都很快乐，勤劳而又有智慧，不仅受到孩子的喜爱，周围朋友邻居甚至是不相识的其他妈妈也都愿意与之亲

近；可有的妈妈就完全不一样了，不修边幅不说，还总是愁眉苦脸，好像总是一大堆烦心事，出门遇见人就不停地抱怨，自己身体也总是大病小灾不断，孩子也连带着没有什么精神，每天都哭闹不已。

其实这是一个很简单的道理，如果我们拥有健康的身心，那么孩子的生活也会更轻松，周围人也会被我们的轻松快乐所传染；反之，若是我们身体羸弱、心里还总是乌云密布，孩子又怎么可能拥有健康快乐的生活呢？

妈妈这个角色不只是妈妈，也是女人，是一个要照顾包括自己在内的全家人的女人。所以从另一个角度来说，做妈妈的首先要照顾好自己的身心健康，然后才可能有精力去照顾全家人，才可能有能力去教育孩子。

有的妈妈总觉得有了孩子以后，自己就不能和以前一样了，也许以前还有时间安排锻炼和读书、看电影的时间，也许以前还能为了自己的身心健康而努力一把，但孩子出生后，我们就会松懈下来了，所谓的"所有时间都给了孩子"这样的借口，成了我们不再锻炼、不再放松的理由。

就算不是妈妈，如果每天总是在重复一件事，而且还没有其他事情可以调节的话，我们也是会变得烦躁，名义上是在照顾孩子，可实际上却借此机会放任自己的身体变得糟糕，顺带着连心情也跟着变得越来越不好，这种状态又怎么可能照顾得好孩子呢？

孩子喜欢妈妈的原因中，一定不会有妈妈的不修边幅，也不会有妈妈身体不好，更不会有妈妈整日心情烦躁。他喜欢妈妈活力四射，因为这样妈妈就可以带他去探索更广阔的世界，而不是只能在家里窝着；他也喜欢妈妈能时刻有发自内心的微笑，这样他会更愿意与妈妈亲近，而妈妈也能给他带来更多的温暖与快乐。

而且，对于我们自己来说，健康的身体与快乐的心情也能让我们感觉到生活的美好，不管是教育孩子还是经营家庭，都会让我们更加信心百倍。

既然如此，我们又该如何照顾好自己，让身心更加健康呢？

身体方面。

很多妈妈会以"孩子还小，我的身体也还在恢复期"为理由，而忽略了身体锻炼，每日懒懒地在家里不愿意出门。尤其是有些妈妈因为生产而身材走样，也就更加不愿意出门了。结果身体变得越来越懒惰，抵抗力下降不说，也禁不起一点劳累，各种毛病也就随之而来了。

其实我们完全没必要因为孩子的出生而变得如此"颓废"，虽然说孩子需要妈妈每时每刻的陪伴，可我们也还是有时间来好好安排时间让自己得到锻炼的。

等到身体从生产中调整过来之后，我们就可以适当地进行散步这样的运动了。等到身体适应了，就可以试试慢跑、游泳，如果不想像这样出门进行运动，在家做做瑜伽也是可以的。待孩子可以出门玩耍的时候，也可以带着孩子一起出去，跑跑步或和他一起做做游戏，都是锻炼身体的好方法。尤其是和孩子一起锻炼，不仅会让我们自己的身体得到足够的运动，孩子也会因为多运动而变得充满活力。

除了出门和在家中进行的锻炼，勤做家务也是一种锻炼身体的好方法。每天都把家中打扫得干干净净，不管是扫、擦还是清洗，都会让身体的各个部位运动起来。相信我们都经历过，整理一次家务，身体也会如运动过后那样感到疲劳。但这真的是好事，经历疲劳就意味着身体获得了足够的运动量。

当然了，也不要让身体太过劳累，锻炼还是要安排在合适的时间，每天半个小时到一个小时足矣，否则时间太短起不到锻炼的效果，如果时间太长，比如很像模像样地去健身房一两个小时，甚至是一上午的锻炼，孩子会抗议妈妈的"自私"，而我们也会失去大量与孩子联络感情的时间，身体也会太过疲惫。

心理方面。

有人说，做身心健康的妈妈并不难，只要通过锻炼让身体健康了，心情自然也就调整好了。虽然这样说有一定的道理，但是要实现真正的心理健康这还远远不够。

生产本身是一件很伤气血的事情，元气受损，是需要好好调养的。很多妈妈因为生产而出现了产后抑郁，内心整日都被烦闷、哀怨的情绪所填满，这样的心情也影响了营养的摄取吸收，更会让人懒得动，可以说身体的问题在很多时候和心情有关。

为了调节心情，除了别人的宽慰，我们自己也要努力一下。在孩子不那么闹的时候，找几本真正有意涵而又温暖有智慧的书来看，一定要读有深度的好书而不是读"鸡汤"，一定要学智慧而不是学知识，用有哲理、有智慧的文字来平复自己的心情；和孩子在一起的时候，也可以放一些舒缓的音乐，让自己不会陷入莫名其妙的胡思乱想之中；孩子若是睡着了，如果自己还不困，如果空闲时间还很长，也可以找一些我们自己喜欢做的事情，不管是画幅画，还是看一集喜欢的电视剧，都能让心情放松下来。

其实身心健康并不是难实现的梦想，我们也应该对自己好一点，好好照顾自己的身心，只有我们的身心健康了，孩子和家庭才能好，这笔账一定要算清楚啊！

孩子不是问题的中心，当然也不是生活的全部

孩子的降生是家庭中的大喜事，全家人的注意力都会集中到孩子身

上，更多的时间与精力也会用在孩子身上。于是很多家庭中便都出现了这样的一种场景，孩子变成了全家上下生活的重心，甚至连带着家里有了什么问题，也都是因为孩子。

特别是妈妈，这种感觉会更加强烈，一旦有了孩子，就会全身心地扑到孩子身上，凡事都以孩子为最优先，会给孩子准备营养品，准备好看的衣服，为孩子添置各种他需要的东西，最关心孩子的冷暖和情绪变化，哪怕一点风吹草动，都能让我们变得急躁起来。

于是，我们所有的心思都在孩子身上了，根本无暇顾及自己，更无暇顾及家中的其他人。我们以为这样是应该的，孩子那么小，需要人照料，更需要人教导，把他奉为中心是理所应当的事情。我们还认为，自己是不需要过多考虑的，自己的状况自己了解，而家人也都是成年人，就拿孩子的爸爸来说，他也是一个有自理能力的人，怎么也用不着我们担心。

但事实证明，我们这样想就错了，孩子需要关心，我们自己和家人也同样需要被关心。如果我们在生活中时刻围着孩子转，看不到自己和其他家人的需要，时间久了自然会疲惫不堪，家人也会因为受到了冷落而变得怨气满满。

有一位妈妈就遭遇了这样的烦心事，她和丈夫婚前婚后感情一直都很好，可是自从儿子出生后，家里的气氛不知不觉就发生了变化。

这位妈妈讲道："最一开始，孩子的到来让我们全家上下都感觉满是幸福和喜悦，但没多久我就发现，儿子反倒成了自己和先生之间频繁争吵的源头。有时候儿子一哭，他就莫名其妙地开始发火。我要是看着孩子，没有听见他说什么话，他就开始找碴儿，要不就挑三拣四。

"再后来，先生变本加厉，用'菜咸了''房间里乱死了'这样的借口来和我吵架，几乎每隔几天，家里就会发生一次争吵。我们吵架的时候，孩子就在一旁哭，家里就越发热闹。

"后来有一次，先生对我大吼道：'你眼里还有我吗？你现在每天除了孩子就是孩子，你有多少心思是放在我身上的？我下班了也不管我累不累，你直接就把我赶到别的房间去睡，说是怕吵到孩子，你有没有考虑过我的感受？'

"我这才意识到，原来他是在吃儿子的'醋'。"

不要觉得这是家人在和孩子争宠，任谁被原本很亲密的人以无视的态度对待，可能都会有不愉快的感受。所以爸爸们才会想要重新找回那份原来就属于自己的安心的感觉。

我们以为自己在为了孩子尽自己身为母亲的职责，但不要忘了，我们的身份不只是母亲，也是妻子，还是女儿，也是与其他家人血脉相连的亲人。这就意味着我们不只是要对孩子负责任，也要对其他家人负责任。而家人因为我们过分关心孩子而产生被冷落感，这也是正常的，尽管大家都喜欢孩子，可是每个人同样也有情感依赖。所以不要因此就觉得家人是在和我们找碴儿，他们不过是想要一个和我们给予孩子那般一样的温暖罢了。如果因此而发生更强烈的矛盾，甚至闹到离婚、分家这样的地步，就更是没必要了。

孩子虽然重要，但是他绝对不是生活的全部，我们不能因为孩子的到来而彻底打乱原有的生活，毕竟孩子日后也要在这个家庭中继续成长，只有良好的家庭环境和生活氛围，才能成为他健康成长的沃土。

其实，中华传统文化也是强调夫妻关系第一位，即夫妻关系是五伦关系（父子有亲、长幼有序、夫妇有别、君臣即上下级有义、朋友有信）的核心，所以家庭中最重要的一定是夫妻关系，而不是亲子关系。只是在现实生活中，能做到这一点的家庭并不是太多。

家庭一定要和，家和才会万事兴，"万事"当然也包括孩子的成长教育。所以，当有了孩子之后，我们应该更合理地安排自己的生活。

和家人多作沟通交流。

有的妈妈总有种错觉，认为有了孩子之后，自己就理所应当地要将生活的重心转移到孩子身上去了，全家人原本就应该体谅自己，都应该意识到她肯定是要好好照顾孩子，无暇顾及其他的。

但是，我们不能这么自私，家人会体谅我们生产的辛苦，可家人对我们的情感付出也是需要有回报的。我们不能享受得那么心安理得，却并不顾及家人的感受，还是应该和家人好好沟通一下，告诉他们我们可能在未来的日子里会对他们有所疏忽，希望大家能够体谅。

这种沟通是有必要的，不仅能提前和大家打好招呼，以免日后因为被忽略而引发不满，还能让家人意识到我们可能会经历的辛苦，他们也会给我们一些建议和帮助，当全家人都能齐心协力时，不管是照顾孩子还是照顾彼此的生活，也就都能做到相互体谅了。

最好对家人一视同仁。

孩子固然重要，因为他不具备任何照顾自己的能力，我们当然要好好地照顾他，但与此同时，家人也同样需要照顾。我们应该好好分配一下自己的精力和时间，在照顾孩子的同时，也不要忘记对家人嘘寒问暖。

尤其是对丈夫，我们在家带孩子，他要在外奔波工作挣钱养家，也是非常辛苦的。当面对丈夫时，原本有的温柔不要减少，对他的冷暖饥饱也要多多关心，有时候丈夫会因为工作而有烦恼，我们也应该体谅他的辛苦，尤其是在我们还没有恢复工作能力的时候，支撑家庭生活运转的就是丈夫，是他用努力工作换来的我们和孩子的衣食无忧，对这样辛苦的丈夫，我们也要多一些体贴。而且，抱着孩子迎接下班回家的丈夫，这将是一个多么温馨的场景，我们与孩子的笑脸，也将是化解丈夫疲累的最好良药。

有的家庭中还会有老人帮忙带孩子，那么老人会在一定程度上帮我们承担一部分照顾孩子的重任，所以对待老人我们也要有最起码的尊敬。孝敬之心不能丢，对老人的嘘寒问暖更是要放在与照顾孩子同等重要的位置上。

不要借故引发争吵。

总有妈妈会这样说："我为了照顾孩子什么都不顾了，我连自己都顾不上，你们怎么谁都看不到我的辛苦，还总是觉得我伺候得不到位。"这样的说法充满了怨气，充满了委屈，而且看上去更像是在要求大家都反过来理解和宠爱自己。很不幸的是，这样的话一旦出口，就势必会成为争吵的原因，而我们这种表现也就变成了借故争吵。

这样的争吵永远没有结果，与其把这种事实用情绪化的态度来表达出来，引发争吵，倒不如也分出些时间来好好照顾一下自己的身心。就如前一节所提到的，培养自己具备健康的身心，让自己能用正常的态度去应对全家上下，这样才不会引得自己和全家都不舒服。

我们完全可以换一种想法，孩子出生了，而且一直都在健康成长，家族血脉得以延续，家庭成员有所增加，这是一件喜事。而我们也获得了新身份，同时也背负了新的责任，这是从来没有体会过的经历。而这样的经历也应该促使我们有好好生活下去的动力，不仅是为了孩子也是为了家人，更是为了自己。当我们不再胡思乱想，学会从多角度去看待问题，用更轻松的心态去面对问题的时候，自然也就可以平衡孩子与自己及家人的关系了。

有意识地去改变自身的缺点，及时调节负面情绪

生活中，一些妈妈时刻注意到的是自己身为教育者的身份，所以总是用很严苛的目光去审视孩子，去发现孩子身上的问题、缺点，然后提点他改正错误，提醒他弥补过失。可以说，将孩子培养得日趋完美，是一些妈妈所认为的自己身上担负的最主要的责任。

但是，我们自己却不是完美的，有时候我们自己尚且不能追求日趋完美，自己的缺点毛病一大堆，却不思进取，反倒要求孩子必须做到完美，这样的要求就显得苛刻而又无理了，就算孩子因此而反抗，我们其实也没有理由去指责。

一位妈妈去幼儿园接孩子放学回家时，老师向她反映了一件事。

原来孩子在游戏过程中，因为争抢玩具，用脏话骂了别的小朋友，而且还动手打了对方，虽然在老师的劝解下，孩子们握手言和，但老师觉得还是有必要和妈妈提一下。

妈妈眉头一皱，觉得自己的颜面上很过不去。她很快向老师道了歉，拉着孩子回到了家。刚进家门，妈妈就劈头盖脸地好一顿训斥，还伸手给了孩子的屁股两巴掌。孩子一脸委屈，妈妈的气也没消，直接就说："回你房间反省去！我看你真是一天不挨打都不行！"

孩子默默地回到了自己的房间，可没一会儿，妈妈就听见孩

子的房间里传来了低低的说话声。透过没有关严的门缝，妈妈看见孩子正对着坐在床上的一只大毛熊玩具说话，仔细一听，妈妈惊讶不已，因为孩子说的赫然就是她刚才说的那些话，而孩子也动手给了毛熊两巴掌，那语气、动作，活脱脱就是妈妈的翻版。

妈妈忽然有些脸红，听老师的描述，孩子当时的表现似乎也能在自己身上找到端倪。看来，是自己用错误的方式对待了孩子，结果才导致孩子也学会了用错误的方式对待他人。这个问题居然是出在自己身上。

我们总是用想当然的方法去教育孩子，却没有意识到，孩子会因为我们的错误而犯下更多的错误。许多妈妈对自己的缺点也如这位妈妈一样是毫无察觉的，就算是有，也不能表现出来，因为想要在孩子面前保持自己的尊严。可是这种并不在意自己的缺点，只关注孩子的缺点的做法，却会导致我们变得自以为是，会让我们那种想要管教孩子的心理无限膨胀。

如此一来，我们会无法包容孩子的任何一点小错误，同时也会显得固执己见。甚至有时候，孩子犯的错误就是我们平时的翻版，就像故事中的妈妈和儿子，妈妈平时说话的态度和语气，他照单全收用在了别的小朋友身上，惹出事来妈妈才发现原来自己的教育方式给孩子带来了如此大的负面影响。

人最难的就是能够认识到自身的缺点，有缺点也不是什么见不得人的事，人人都有，只不过缺点各不相同罢了。作为妈妈，我们肩负着教育下一代的重任，所以对自己身上的缺点，我们理应更注意一些，这样才不至于影响到孩子。

如前所述，我们教育孩子的过程也是教育自己的过程，既然是教育，查漏补缺就是其中一项重要内容。越早发现问题，越早改正错误，对我们自己是一种人生价值的提升，也是一种教育层次的提高。

逐渐习惯否定"旧我"。

否定"旧我"不是一件很容易的事情，很多人并不愿意承认自己错了。犯了错误，人们的第一反应往往都会是找借口，想要给自己开脱，或者能让自己尽快获取原谅。可是犯下的错误就是泼出去的水，收是收不回来的，只有尽快弥补，才会将因为这个错误而导致的问题尽快解决。否则，如果只想着掩饰，这个小错误就有可能为日后埋下隐患。

如果能想得更长远一些，否定"旧我"也就不是难事了，在错误刚发生的时候就及时反省，改正后就是一个"新我"，这难道不是一件令人兴奋的事情吗？

可以试着和家人聊聊看，确定自己哪些方面做得的确不令人满意，平日多多注意，特别是在孩子面前，诸如暴躁、不讲理、不宽容这样的毛病要注意多加改正。也可以让家人帮忙监督，帮忙提醒，让我们能习惯这种自我改进。

当然，家人或者朋友的提示可能并不那么能令我们能接受，毕竟被如此直接地指出自己的错误，接受起来也是需要勇气的。但是只要做到了，就是勇敢的妈妈，是孩子的好榜样，是会被孩子尊敬的人。无论是从自身提高还是从教育孩子的角度来说，这都是值得尝试的事情。

在教育过程中及时发现并解决问题。

其实我们身上的很多缺点都是与教育有关的，比如，孩子做了错事，我们习惯性先训斥，这就犯了不了解实情、不理解孩子的错误，万一孩子是好心办了坏事，这一顿训斥岂不是伤了孩子的一片好心？

教育过程中我们一定会犯错，因为我们也是摸索着去做母亲，而教育中的错误可不能等，一旦发现自己犯错了，就要赶紧反省纠正。如果让孩子受了委屈，也要诚心道歉，不要觉得自己是妈妈，自己犯错也没什么，我们越能积极改正错误，越能赢得孩子的尊重。而且，改掉了错误的教育方法，选择正确的方法，会让孩子更愿意接受教育。

不要总用自己的反省去教育孩子。

"你看，妈妈也犯了很多错，妈妈都知道有错就改，你还不好好向妈妈学习吗？"这是有些妈妈对孩子说的话，想以自己的反省来教育孩子学会反省。这种将自己的表现拿出来以激励孩子的做法，从原则上来说是没错的，但是我们却不能总将这样的话挂在嘴边。

我们反省是为了能纠正自己的问题，可不是用反省这个过程来当成训斥孩子的内容。孩子要不要从我们身上学习，看的是我们到底有没有真的做好，不是说我们让他学他就学了，身教的真谛在于潜移默化。

所以，我们还是应该将更多的精力放在反省自我上，积极学习的同时，也要敢于否定自己，让自己能越来越趋于完美。相信我们的改变会被家人和孩子看到，这样孩子才能从我们身上学习到这种宝贵品质，他也才会更主动地向我们学习，并变得不执拗，变得更愿意接受他人的意见，能谦虚且积极地完善自己。

积极主动地去学习，这是新时代妈妈的"标签"

学无止境，学海无涯，活到老学到老……在学习这件事上，永远都是没有尽头的，人人都需要学习，不仅仅是孩子，成年人也是如此。特别是对我们来说，身为妈妈，主动去学习更多的知识内容，对于日后教育孩子是很有帮助的。

不过很多妈妈对学习的理解却总是很容易"适可而止"，有的妈妈认为，每天照顾孩子的饮食起居、陪他一起玩就已经占据了大部分的时间，好不容易有空闲，能好好休息一下就不错了，哪里还有时间去学习；还有的妈妈认为，作为一个已经学习了二十几年甚至时间更长的成年人，怎么就照顾不了一个才两三岁的孩子？自己的所知所学用来教孩子已经绰绰有余；也有的妈妈认为，自己现在再学也学不出什么成就来，再说生活如此美好，好好享受也不为过。

的确，作为成年人来说，并不会有老师、学校来给出要求与时间限定，要求我们在什么时间内完成哪项功课，最后也没有考试来检验学习成果。成年人的学习之路，全靠自觉与一腔热情。

但是，难道就因为没有约束而放弃学习了吗？教育孩子的确是一件很辛苦的事，但生活却也会因此而增添许多乐趣，和孩子在一起，他在不断地学习进步，以更好地适应这个时代的发展，相信我们也应该是与时俱进的。看着孩子学习了新时代的知识，看着他一天天进步，难道我们的思想还要停留在过去吗？若是孩子在学习过程中有了疑问，那么不懂新知识的我们又该如何帮他答疑解惑呢？

换个角度来思考，作为妈妈，学习也是我们不得不做的一件事，就算为了能让孩子接受到更好的教育，我们也应该更积极地提升自己作为妈妈的素养。而且，对我们自己来说，学习也并不是一件坏事，主动学习照顾孩子的知识，会让我们更加游刃有余地去应对孩子；主动学习各种感兴趣的知识，则是能让我们的生活变得更加丰富多彩，而且学习会为我们的人生带来新鲜，不管是开阔了眼界还是提升了能力，这都会让我们自己变得更有活力也更加自信。更重要的是，妈妈自身的素养高度也将决定孩子的起点，当我们能主动学习时，孩子也会因此受到正面影响，他也将会成为一个好学的孩子。

不过，我们自然也知道学习并不是一件容易的事情，更何况是这种自觉且没有固定目标的学习，这就需要我们好好安排一下了。

学习最根本的是教孩子的智慧。

作为妈妈来说，首要的学习内容应该是教孩子的学问。既然是"学问"，那就需要认真学，因为里面真的有"道道"。这些"道道"是什么呢？

从小就对孩子展开做人的教育，从小就以德行教育约束他、规范他，让他有最起码的孝敬之心，有最起码的做人准则。现在很多成人，大学毕业好几年了都不找工作，使劲"啃老"。这难道不是家庭教育的失败吗？想想看，一个对父母有孝心的人，怎么可能忍心让老人养着自己？怎么可能忍心让老人因为自己的无能而哭泣？

所以，爱孩子要会爱，只是溺爱而从不教育孩子，最终只会出败儿。我们理应从有孩子那一刻起就意识到家庭教育的重要性，先教会孩子懂得做人，其他的一切就都好说了。这才是教育孩子的关键学问，这才是最根本的教育孩子的智慧。为人父母者一定要懂。

再比如，有新闻报道说，一个7岁的女孩得知父母要生二胎后竟然说："想生二胎，先把财产过户给我！"

还有更"厉害"的：有个7岁的男孩盼着妈妈给他生个妹妹，结果妈妈又生个了男孩，这个男孩就在产房外问他爸爸："家里的财产怎么分？"

这难道不令人震惊吗？在震惊之余，我们如何反思？这么小的孩子就有如此"心计"，跟他所处的环境有极大的关系。要么，孩子听到父母或周围的人谈论各种财产、钱财、值钱的东西、分家产、财产过户等之类的事情；要么就是电视剧看多了……一个7岁的孩子如果周围没有这样的环境，他是不会有这种想法的。怎么办？从现在开始，改变孩子周围的环境，纠正他不合理的想法。

如果我们不学点教孩子的关键学问，请问挣再多的钱又有什么用？所以，要培养孩子的大格局，让他有一个宽广的心胸。而在此之前，首要的是培养孩子的孝心。当然前提是父母要对双方父母有一颗至诚的孝心。想改变孩子，父母先改变自己。想让孩子成长前，父母自己先要成长。想让孩子不自私，父母就先要做正自己。想让孩子安心学习生活，夫妻双方就一定要和睦相处，任何一方都不要有外心与外行……一切的一切，都在于父母端身正意，这是核心，这是"道"，是"根本"，其他的一些具体的方法都是"术"，是"枝末"。

拾起自己过去没机会学的兴趣爱好。

每个人都有自己的兴趣爱好，不过并不是所有人的兴趣爱好都能在合适的时候得到发展。我们小时候都会有想要做的事情，但时机、经济条件等会导致我们错过学习的时间。不过也不要遗憾，现在我们不妨再把它们都拾起来。

不忙碌的时候，安排一下感兴趣的学习，不用着急，每天哪怕只有半个小时的学习，日积月累，也会学得有模有样。

一定不要压抑自己健康的兴趣爱好，而如果和孩子的喜好碰巧是一样的，那就更好了。比如，孩子也喜欢画画，那我们和他一起拿着画笔学习、创作，既满足了我们自己的需求，也让孩子得到了很好的艺术熏陶。

要注意学习孩子要学的内容。

虽然说3岁的孩子要学的东西没有那么多，可是我们却不能就任由孩子这么傻傻地玩，孩子应该了解什么，应该学习怎样的技能，这些都是我们必须要了解的。

比如，孩子成长过程中要经历诸多的敏感期，与此有关的知识我们不能错过；孩子在成长中可能遇到的种种问题，比如安全的问题，我们又该怎样应对；传统文化教育中的一些精髓内容，更是要从孩子小时候起就重视起来，比如要想帮孩子过好这一生，就要给他灌溉孝悌忠信、礼义廉耻、仁爱和平的思想，让他心存敬畏与感恩，在他心中种下美好的种子，他才会拥有美好的人生。这都是我们要好好学习的。

教育孩子不只是付出的过程，也是吸收的过程，我们只有先吸收了足够的教育资本，才能在教育孩子时做到"游刃有余"。

第七章

守规则是孩子的天性，巧用规则
规范他的叛逆行为

　　人生在世，必然要遵守规则，有规矩方能成方圆，这是自古便有的至理真言。孩子也需要遵守规则，庆幸的是，他并不如我们所想的那样会对规则无视，相反的，遵守规则是他的天性，所以只要顺应他的天性，就能培养出遵守规则的好孩子。而且，我们要巧用规则去规范孩子的叛逆行为。还要记得一点，规则面前，人人平等，我们作为父母也不例外。

你没看错，孩子喜欢遵守规则

　　一说到规则，我们首先想到的一定是成年人的世界，想到的是社会中的林林总总的规定、要求、原则。尤其是社会中的各种规则，那都是成年人要面对的，也是成年人必须要遵守的。但也不可否认的是，很多成年人对规则并不那么尊重，他们擅长抓规则的空子，能躲则躲，能不遵守就不遵守。我们经常会看见一些不遵守规则的人，比如，不好好排队、闯红灯、大声喧哗、在景区刻字……这些都是成年人做出来的违背规则的事，但很多人却对此习以为常。

　　不仅如此，人们似乎还有了理由，说到要教孩子懂规矩，有人就说了："成年人都做不到遵守规则，孩子什么都不懂，更做不到了。"但这话可就说错了，这意味着我们并不了解孩子，因为孩子的真实表现与我们所想的完全相反，他不仅不会排斥规则，反而是非常喜欢遵守规则的。

　　是的，大家都没看错，孩子是喜欢遵守规则的，因为规则会让他经历的各种事都变得很顺畅。这其实是与孩子对秩序的追求有紧密联系的，孩

164

子对秩序有着强烈的本能需求，就像是鱼儿离不开水一样，他需要精准且确定不会被改变的原则来引导自己的生活。遵循这样的秩序，孩子就不会将精力转移到与无秩序的环境对抗中去，这会让他的心保持平静，也能让他感受到秩序所带来的快乐。更重要的是，秩序可以给孩子带来安全感，不管是按部就班地做事，还是不被打乱的原有秩序，都能让孩子意识到这是在自己熟悉的环境里生活，这会让他感到安全，他也能因此获得成长的机会。

　　而显然，在3岁这样一个很敏感的年龄里，安全感对孩子来说是最重要的。不仅如此，遵守规则的话，孩子还会获得夸奖，不管是已经定好的规则，还是我们临时为他安排的规则，只要他好好遵守了，都能得到他人的肯定，这是能让孩子感到愉快的经历。

　　有位妈妈发现两岁的孩子"不对劲"是最近的事情了，有时候她也不知道自己做了什么，孩子就会突然哭闹起来。

　　比如，带着孩子从外面玩回来，如果脱了鞋子、衣服之后没有给他洗手就让他做别的事情，他会很不开心，如果妈妈一直没注意到这件事，他就会哭闹起来。但如果脱了鞋子、衣服，再抱着他去洗手，他就会很乖，不管让他做什么，他都很乐意。

　　后来妈妈才意识到，孩子内心有这样一个规则，那就是只要从外面回来，就应该把手洗干净。这个规则最早是妈妈告诉孩子的，也是妈妈教给孩子的，孩子一直记着，并将其当成自己生活中不能违反的一部分，如果有谁违背了，他就会觉得很不舒服，甚至觉得自己的生活被打乱了，是不安全的，所以他才会用哭闹来抗议。

　　妈妈觉得很欣慰，拥有规则意识是件好事，妈妈为孩子能记住这样一个很小的生活好习惯而感到高兴。

所以，从那以后，每次从外面玩回来，妈妈总会先带着孩子去洗手，听着妈妈夸奖"手洗得真干净"时，孩子总会开心不已。

尽管这是件再小不过的事，但对于孩子来说却是非常重要的，因为他已经认定了"从外面回家要洗手"这是一个规则，他也习惯了每天如此，所以一旦被轻易打乱，他就会感到焦躁不安。而如果能很好地遵守，他也会从中感受到遵守规则带给他的安全感。

孩子的心灵是最细腻的，规则则是保护他内心纯净的重要所在，规则会引导孩子培养良好的秩序感，这样他不仅会有有秩序的生活，与其他人的关系也会变得简单而友善，如此一来他也就能专心于自己要做的事情上，专心于自己的发展了。

显然，遵守规则，形成习惯，会在孩子内心形成一种内在的秩序，而这种内在的秩序又会引导孩子将外在的秩序更好地执行下去，这样一来就好像是他的生命也有了奋斗的目标，孩子就会将更多的精力都集中在自我成长与探索未知之中了。

所以，从这一点来看，遵守规则并不会让孩子感到难过，反倒是我们自己应该先看看自己在遵守规则方面是不是有问题，如果我们自己对规则都不甚重视，那肯定会给孩子带来困扰，他一方面会不知道到底要不要遵守规则，而另一方面则可能会因为我们的不遵守规则而感到困惑，可他又没法要求我们改变，这不是平白给他增添苦恼吗？

我们可以从以下几点来维护孩子的这种规则意识。

在家里建立合适的家规。

有人说自己已经习惯成自然，对外界的规则不能很好地接纳。那我们不如试试从家里开始建立规则意识，和孩子一起从家规开始学起。参照道德原则，在家中制定出合适的家规，比如长幼有序、诚实守信、勤劳吃苦，等等。

和孩子一起从家规开始培养规则意识，不仅会让孩子更愿意接纳规则，也能在熟悉的环境中开始改掉我们自己的坏毛病。

毕竟，我们也更希望孩子会成为一个守规则的人，所以要求孩子做到的那些规则，我们不妨先从约束自己开始，当我们养成好习惯后，孩子好习惯的养成也是水到渠成的事。而且，孩子可是从零基础开始培养的，只要我们不出差错，他的内心就会建立起正确的规则意识。

在外要遵守基本的社会规则。

要做到这一点，需要我们培养自我约束力，特别是在孩子面前，不要无所谓地延续过去的坏习惯。要时刻想着身边的这双眼睛，一旦我们做错了，那就相当于给孩子建立了一个错误的规则意识，他也将延续错误的规则去生活，这显然对他在未来社会中的生活会产生负面影响。

尊重孩子的规则意识。

有些妈妈自己不遵守规则也就算了，而且还妄图改变孩子对规则的认知。例如，有的妈妈过十字路口闯红灯，孩子指出了妈妈的错，妈妈却说"要灵活处理"，这就是强词夺理了。

也就是说，孩子向我们提出异议的时候，正是我们改正自己错误的好时机。因为孩子对规则的理解要更单纯但也更深刻，不管他是从幼儿园学到的还是听别人说的，只要他说的是对的，我们就应该予以响应。如果我们做错了，趁此机会改正，才能巩固孩子内心对正确规则的认知。

总之，作为妈妈，我们也要对规则重视起来，不仅要给孩子建立一个良好的充满规则意识的生活环境，也要帮他建立积极健康的秩序感，这样他才会长成守规则且有责任感的人。

帮孩子建立起"别人的东西不能拿"的规则

作为成年人，我们自然是知道"别人的东西不能拿"这个道理的，可是孩子并不清楚。3岁以内的孩子只不过是刚习惯了"我的"，对于"别人的"这个概念并不那么明白。所以，有时候他就会把自己看上眼的别人的东西据为己有，但却又毫无愧疚之心。

其实孩子并不是没有愧疚心，只不过这个时候的他还并不是很了解"我的"与"别人的"之间的区别。所以不能说孩子这时的行为是有问题的，但也需要我们帮助他意识到这件事的重要性。或者说，我们也需要帮助孩子建立起"别人的东西不能拿"这样的规则，以帮助他的内心更好地适应这一规则。

> 3岁的孩子上幼儿园了，但妈妈最近发现每天孩子回家后，总是从衣兜里掏出一些家里没有的小玩具，因为都是很小的东西，装进衣服兜就不会有人注意到，想必老师也没看见。
>
> 妈妈问孩子："从哪里来的？"孩子一点也不隐瞒："是从幼儿园拿回来的。"至于说原因，孩子告诉妈妈，他很喜欢那些小玩具，家里又没有，所以他就拿回来玩几天。
>
> 妈妈有些无奈，但是孩子很认真地告诉了她事情的实情，她也觉得很欣慰。于是妈妈将"别人的东西不能拿"这个道理好好跟孩子解释了一下，她希望孩子能记住这个规则，以后不要再随便拿不属于自己的东西回家了。

其实给这时候的孩子建立规则很容易，他也很喜欢遵守规则，最重要的一点，就是我们不能因为他违反了他自己尚且不明了的规则而训斥他，毕竟帮他建立规则要比训斥他不懂规则重要得多。所以，应该提醒孩子注意到的规则，一定要尽早说出来，比如随便拿别人东西这样的事情，在发现孩子做了之后，就要尽快告诉他这样做是不合适的，帮助他懂秩序、明是非，让他通过自己内在的秩序感，来保证自己不会再犯错。

在向孩子解释这个道理时，我们一定要注意技巧，说太多的"不"反而不能引起孩子的重视。可以试试这样说，"你自己的玩具一定不喜欢别人拿走，那么其他小朋友也和你想的一样，所以你不能随便拿走别人的东西"，这样的说法会让孩子感同身受，解释起来也会相对简单一些。在理解的基础上帮他建立规则，执行起来也会更加容易。

当然，孩子们彼此之间的发展是存在差异的，有的孩子不知道"别人的东西不能拿"，但有的孩子就已经将此当成不容违背的规则了。而一旦这样的两种孩子碰在一起，就会出现一种新的矛盾。

幼儿园里孩子们正玩着玩具，但是一个4岁的小男孩却对着一个3岁的小女孩表现着自己的愤怒，他不停地说"你不能拿"，小女孩却一脸茫然。没一会儿，小男孩发现他完全没有说服小女孩，自己忍不住先哭了起来。

老师有些奇怪，过来询问情况，这才知道，小女孩拿了其他孩子的玩具自己玩了起来，小男孩看见了，觉得拿别人东西是不好的，所以他提醒小女孩不能拿，但小女孩却不听他的，这显然违背了小男孩内心的"别人的东西不能拿"的规则，他觉得很不舒服，一遍遍地提醒之下，小女孩又没有按照他内心的规则去改正，一着急，他只能哭了。

老师安慰着小男孩："你说的没错，别人的东西不能拿。"小男孩感觉自己有了依靠，虽然还在哭，但没那么厉害了。老师继续说："你可以带着她去把东西还回去，这样大家不就都知道别人的东西不能拿了吗？"

小男孩不再哭了，拉着小女孩的手拿着玩具走了，过了没一会儿，老师看见小男孩带着小女孩和另一个孩子一起跑了回来，三个人都笑嘻嘻的，拿了别人玩具的小女孩忽然点着头对老师说："别人的东西不能拿。"老师听了也笑了。

这就是孩子对待规则的态度，他不仅会自己遵守规则，更希望所有人都能遵守他心目中已经认定的规则。这是因为他是通过外在事物来建构自己生命的内在秩序的，而那些被他确认了的秩序，他就会坚持这些规则，甚至到了执拗的状态。

孩子内在的秩序就像生命需要成长一样，是不容被改变的自然法则的一部分，但与此同时，老师和父母，又是对孩子影响最大的人，所以老师和爸爸妈妈的话对他来说就是权威，权威很可能会用某些话来改变孩子心中的秩序，同时权威所做的一些事也会破坏孩子内心的秩序感，从而使他丧失安全感。

鉴于此，我们应该以尊重的态度来对待孩子对规则的坚守，为他提供有秩序的环境，以保证孩子可以得到均等的发展机会，获得平等的对待。而对他提出来的秩序，不要反驳，也不要说他多管闲事，肯定他对正确秩序规则的维护，如果我们自己没做到，还要趁此机会赶紧更正。

只有在一开始就为孩子提供了有序的环境，一开始就帮助他建立起正确的规则意识，他才会在自然放松的状态下形成自律的好习惯，到那时他会更加理智地观察这个世界，也会对社会秩序有高度的敏感性。

想玩这个玩具，请排队——帮孩子建立正确的秩序感

　　玩具对孩子有巨大的诱惑，只要是被他看上的，他都会迫不及待地想要拿到自己手里。如果有一群孩子都在玩具旁边，每个孩子都迫不及待地想成为第一个玩这个玩具的人。但是玩具只有一个，显然成为第一的人也只有一个，或者说想要先玩的席位，不过也就那么几个。这时就会出问题了，孩子们开始争先恐后，抢着要获得优先权。

　　　　几个孩子在各自妈妈的带领下聚在一起玩，其中一个孩子的妈妈带来了一样新玩具，孩子们都很兴奋，都跃跃欲试，但玩具只有一个，所有孩子都想玩，怎么办？孩子们一开始都叽叽喳喳地嚷着自己先玩，很快就闹得不可开交。

　　　　另一个孩子的妈妈这时趁机说了一句："要想玩这个玩具，需要排队哟。"

　　　　很快，孩子们理解了，其中一个孩子说："我们排队吧。"

　　　　另一个孩子附和说："那就排队吧。"

　　　　他们决定按照身高来排队，就像在幼儿园里排队出行那样，最矮的孩子先玩，然后轮着给后面比较高的孩子。

　　　　同时，孩子们还规定了，每个人只能玩两分钟，而且有一个人玩的时候，其他人不能抢，只能看着。

　　　　大家显然都同意这个规定，原本吵闹成一团的样子迅速消失

了，一个接一个，大家都好好排队玩了起来。妈妈们看着也松了口气。

其实很多时候孩子们的无序状态都非常好处理，只要给他们设立一个规矩，定好所有孩子都能理解的规则，问题也就迎刃而解了。排队是对无序状态最好的处理方法，不过重点就是这个队应该怎么排。

对于所有妈妈来说，自己的孩子都是宝贝，大多数的妈妈都不愿意自己的宝贝落于人后，所以有时候会出现这样的情况，即便是已经有了排队的规矩，但还是会有孩子被妈妈或明或暗地推到队伍的前面。

比如，玩大型滑梯的时候，就很容易出现这样的情况，孩子们本来都排着队玩，但是总会出现一两个孩子用极快的速度抢到别的孩子之前，而旁边的父母们却没有任何表示，或者反倒笑着夸孩子动作迅速，甚至有的父母还会"指导"孩子抢占先机。

先来后到很重要，按序行进也很有必要，孩子当然都有想要先玩的心，但却不能为了自己先玩而破坏这不成文却深入人心的规则。更何况，排队也是社会上重要的规则，就拿上车来说，有序排队上车并不比抢着在车门挤成一团都想要先上去要慢，相反的，越是在有序的状态下，事态的发展越顺畅。毕竟，争抢会带来怨气，到头来可能会使得本可以轻而易举完成的事变得一团糟。

不可否认的是，这样的情况却是我们这些成年人带来的，我们在孩子面前表现出了不排队、不守秩序的样子，这对于喜欢坚守规则的孩子来说也算是一个不小的打击。可是，他内心对爸爸妈妈的表现却又会有模仿的意思，更何况，爸爸妈妈对于他来说是相当于权威一样的存在。所以，我们的行动可能就会影响到他内心秩序的建立，一旦他认为"不排队，谁抢到就是谁的"才是正确的秩序，那么我们无疑是给他做了个坏榜样，也破坏了他的秩序感。

对于孩子来说，这种错误的秩序感的建立是很危险的，因为他不会意识到自己其实是建立了错误的秩序感，因为爸爸妈妈都如此做，他也就不会认为自己有错。而在外人面前，他也会毫不犹豫地表现出来，也就会出现不排队、抢东西的情况。

所以，要帮孩子建立排队的正确秩序感，我们也应该从自身开始努力。

从成年人的角度确认秩序的不可忽略性。

作为成年人，我们一定要先确立排队是自己内心所认可的秩序。出门出行，或者办理什么事情，如果遇到要排队的情况，我们自己都要好好排队，特别是不要有随意插队的情况出现。当我们养成好习惯之后，即便不用多说，孩子也会意识到，排队是好习惯。这样一来，当他再遇到无序状态时，也会想到用排队来应对，而他自己也会乐于参与到排队中去，并不会担心谁先谁后的问题。

为孩子解释先来后到的意义。

要为孩子解释清楚为什么排队，告诉他无序状态与排队之后的区别，可以引导他自己思考一下，让他想想自己经历过的排队，尤其是在幼儿园有过排队经历时，孩子会更容易理解我们让他排队的意图。

重要的一点，要让孩子理解什么是先来后到，告诉他"先来的人等了很久，所以应该先去，后来的人刚到，也应该等，而不能抢了先来人的时间，这是对他人的尊重"。可以和孩子做个小游戏，让他体会自己先来却不能先得的难过情绪，从而提升他对排队的重视。

帮孩子厘清"排队"与"礼让"的关系。

举个例子：

一位妈妈带着孩子排队等公交车，车来了，大家排队上车，孩子看到前面有几个人让排在后面的一位老人先上了车，然后大家才上车。

　　　　孩子疑惑地问妈妈："大家都排队了，可为什么还要让那位爷爷先上去？"

　　　　妈妈告诉他："排队是好习惯，大家都没做错。不过，爷爷年纪大了，我们应该尊敬他，让爷爷先上去，这是大家的礼貌。讲礼貌的人才会被人喜欢。"

　　　　孩子眨眨眼睛，想了一会儿才说："那以后我坐车看见爷爷也要让他先上去，我也是讲礼貌的好孩子。"

　　孩子对规则都是执着的，所以面对礼让的情况他也会有些"规则被破坏"的感觉，不过礼让却是美德，所以我们也要帮孩子平衡规则与美德之间的关系。明确告诉他大家为什么要这样做，告诉他这样做是正确的，以免孩子的思维产生混乱。

　　提醒孩子应该全力做好自己。

　　尽管都知道规则要遵守，但还是会有人不排队，特别是孩子们在一起的时候，还是会有人破坏这个排队的规则，孩子会为此感到疑惑，甚至难过，有时候他也会在外面表现出愤怒。比如有的孩子会对着不排队的孩子说"排队才是正确的"，甚至他也会指责不排队的成年人。在这种时候，我们不能劝阻孩子"不要多管闲事"，毕竟在这个时候的孩子看来，规则比什么都重要。不过可以提醒他"遵守自己的规则很重要，不要总去要求别人，努力做好自己就好"。

　　对于孩子来说，他希望有人能理解他的规则，那么我们就要做好对他的理解，成为理解他的人。要肯定他对规则的坚持是没有问题的，这样才能保证孩子不会因为外人的错误表现而否定自己的正确原则和做法。

危险的物品不要碰——自由探索有边界

从可以自由行动之后，孩子就开始了对周围世界的探索，从床到地面到整个屋子再到外面的世界。随着他探索的空间越来越广阔，问题也就随之出现了，因为越是广阔的空间，危险也就越多，不管是明面上的危险还是隐藏的危险，都会成为孩子身边说不准什么时候会"炸响"的"炸弹"，一旦"炸弹爆炸"，孩子必定会被波及。

可是孩子是不懂的，他会对所有新奇的东西产生兴趣，他会想要摸摸、碰碰，甚至还会想要尝一尝那些看上去"有些好吃"的东西。

按道理来说，孩子是在一次次的经验和教训中学会生存的，特别是那些教训，会让他意识到什么是可以做的，什么是不可以做的。但生活中的某些危险，却并不能靠经验教训去获得认知，因为这样的危险一旦沾染，就将是致命的，是令人追悔莫及的。

所以，我们除了主动地"让"危险物品远离孩子的视线和可接触的范围，同时也要提醒他不要主动去碰。否则，诸事不懂的孩子很容易就会伤到自己。

这是一个真实的事件：

> 有位爸爸把买来的502胶水随手放到了桌子上，3岁的孩子看到了，直接拿到了手里玩起来。不仅如此，还学着成年人滴眼药水的样子，把胶水也滴到了自己的左眼中。

结果，孩子的左眼被胶水黏住了，几乎完全黏在一起，睁都睁不开。又疼又刺激的感觉让孩子大哭起来。

发现情况的家人连忙把孩子送去医院，医生通过小手术最终解除了孩子的危机。好在孩子的眼睛没有受到太大的伤害，只是左眼角膜因为腐蚀而有轻微损伤，只要受伤后的24小时内不感染，孩子的视力就不会受到影响。

后来，令所有人都庆幸的是，孩子的眼睛恢复得非常好，没有出现任何不适症状。

这个孩子的经历给我们敲响了警钟，孩子对危险品毫无概念，他只是觉得好奇，就会去接近并接触，再加上他有"绝佳"的模仿天分，危险几乎是一触即发。显然不是说我们主动帮孩子清除危险品就够了，孩子总会凭借自己的主动意识去做些让人不能预料的事。因此我们应该帮孩子在心中建立起一个非常重要的规则，那就是他一定要主动远离危险。一旦这个规则建立起来，依照孩子对规则的重视，他也一定会好好遵守。

所以，应该注意哪些是危险品，平时我们就要多和孩子提及，我们除了自己要尽量收好这些东西之外，也要提醒孩子远离危险品。

易碎品。

每个家庭中都有很多易碎品，水杯、碗盘、花瓶、茶具，一旦摔碎，浪费物品是小事，锋利的碎片散落一地，很容易就划伤孩子的皮肤，更有的碎片会藏在我们一时没看见的地方，若是日后被孩子找到，不管是因为好奇拿着把玩还是放进嘴里尝一尝，对他来说都是危险至极的。

对于这些易碎品，我们平时就要小心对待，轻拿轻放，同时也要经常提醒孩子注意，不要毛手毛脚地将这些东西当成玩具。如果真的有不小心摔碎的东西，我们也要告诉孩子要注意的事项，比如要第一时间远离这些碎片，等待妈妈来收拾，同时我们要尽可能地把角落都打扫干净，以免锋利的碎片被遗漏。

化学品。

药剂等化学品也是属于高危的危险品之列，比如很多家庭都会有孩子误服药品或误使用家中洗涤剂等化学品，对孩子的皮肤、黏膜、脏器等造成伤害的事情发生。

药剂虽然是可以治病的，但是如果孩子将其当成糖豆或糖水吃了下去，那可就是致命的了。那么我们就需要不断地提醒孩子，药剂不是糖，平时也尽量不在他面前吃药，就算吃也要好好告诉他吃的是什么，让他意识到那与他平时吃的好吃的零食是不同的。特别是在哄孩子自己吃药的时候，不要骗他这是好吃的东西，而是告诉他这就是药，是在生病的时候才能吃的东西，平时绝对不能吃，以让他对药产生正确的理解。

除了药剂，平时家中的洗涤剂、洁厕灵、洗护用品、杀虫剂、黏合剂、干燥剂，还有化妆品、香水等物品，都属于化学品一类，平时也要多几句嘱咐。特别是我们自己不要拿这些东西当玩具来逗弄孩子，比如洗衣粉或肥皂泡水的确是可以吹出泡泡来的，但是孩子只知道玩着开心，并不知道那都是化学品，一旦不小心喝下去或弄到眼睛里，也会给他带来伤害，因此也要衡量轻重，不要随便就将化学品当成可玩之物来逗弄才3岁的孩子。

尖锐物。

剪刀、菜刀、锥子、钉子、针、牙签，甚至是常用的指甲刀，这些都可算作是尖锐物品，孩子若是拿去玩耍，一不小心可能会给孩子造成致命的伤害。

另外，筷子、叉子、笔、吸管等尖细物体，也是需要我们注意的，孩子可能会拿着当玩具，万一跌倒，这些东西也会给孩子的身体甚至是生命带来危险。

所以，一定不要让孩子将这些东西当成玩具，告诉他每样物品的真实用途，给他准备适合他玩耍的东西就好。

易燃物。

打火机、火柴这些东西是可能引发火灾的最直接的"罪魁祸首"，尤其是家中有抽烟的长辈，孩子会对从打火机中蹿出的火苗及用火柴划出来的火苗感到好奇而兴奋，不管他举着火苗放到哪里，又或者是将火苗引到了自己身上，都是件危险的事情。

可以和孩子一起看看关于火灾的纪录片，告诉他火可能带来的危险，不仅是让他不要主动玩火，还要提醒他远离可能引发火灾的一切事物。

特别是有吸烟习惯的家人，在孩子面前要注意收敛，不要让他误以为我们是在玩有意思的游戏。打火机、火柴一定要妥善收好，放在孩子看不见、够不到的地方，就算有所使用，也要小心翼翼，给孩子一个"这东西很危险"的明确示意。

各种电器。

电也是隐藏在孩子身边的一个巨大的危险，如果能正常使用，自然不会对孩子造成危害，但如果孩子因为好玩就去触碰，那就是致命的伤害了。

家中使用过的电源线，一定要收好，插座要么选用儿童安全插座，要么使用一些保护装置将插座上的小孔封闭，以免让孩子将手指插进去或将其他东西插进去而引发电击伤害。如电烤箱、电磁炉、电熨斗、电风扇、电水壶等物品，也要放在平稳且孩子够不到的高处，特别是电源线一定要收在足够高的地方，以免孩子拽到线而引发坠落、烫伤、电伤等危险。

虽然我们极力为孩子创造一个良好的生活环境，但爱探索的孩子却可能在我们不注意的时候就将自己置于危险之中，所以不要在孩子出危险了才后悔，而是要在最开始就将危险告知孩子，尽量为他建立合适的安全规则意识，保证他不会因为探索而受到难以挽回的伤害。

规则面前，人人平等，树立规矩要从家里开始

两岁以后的孩子会突然变得有些像小"恶魔"，他会变得喜欢招惹别人，有时候还会攻击别人，也喜欢恶作剧，吐口水、说脏话这样的行为也渐渐多了起来。这些变化的确会令我们感到震惊，如果是在外面，对着外人做出这样不雅的举动，我们更是觉得尴尬。

对于忽然变得如此调皮甚至如此"闹人"的孩子，很多妈妈第一反应都是训斥或直接制止。相信所有的妈妈都不想看到孩子对别人如此无礼，可是我们有没有发现一个问题，那就是制止了之后，孩子似乎并没有太大的改变，下次在外人面前，他可能还会出现这种不雅甚至讨厌的举动。

有位妈妈就曾经求助说：

> 两周岁的儿子不知道从什么时候开始出现了攻击行为，和别人在一起的时候，稍不如意不是拍人就是挠人，还会对着人吐口水。
>
> 在外面吃饭，如果旁边有别的小朋友，他也会"欺负"人家几次，不是把饭粒倒在人家身上，就是拍打对方，当然也会用吐口水的方式来发泄一下，特别是在我阻止他之后，他不但不停止

179

甚至还会表现得更恶劣。

　　有时候带着他出门，他总是想要对别人动手动脚，不是想拽别人的头发，就是想要拍打人家……

　　面对这样的儿子，我也觉得很无奈，训斥他听不进去，真揍他感觉也下不去手，平静地告诉他不可以，把他从惹祸的地方抱走，就是我能做到的唯一方法了。真是不知道该怎么处理孩子的这些问题，他会是个坏孩子吗？

这个时候的孩子有这样的一系列讨人厌的表现也是正常的。因为这个年龄的孩子已经可以自如地支配自己的身体，也逐渐学会用"我"来称呼自己，并且表明自己的一些态度，这意味着他的自我意识开始萌芽，他可以真正地将自己和他人区分。

可是，孩子却并没有具备确切理解他人感受的能力，对社会交往的规则也并不了解，所以他在表现自己这方面就会出现与社会所认同的表现不相符的地方。

比如，孩子有时候会去拽别的阿姨的头发，这并不是他故意使坏的表现，而是阿姨的头发可能是在造型或外形、质地、颜色上让他感到好奇而已，他觉得那就是个好玩的东西，想要自己摸一摸、揪一揪，就像对待他感兴趣的玩具一样，并不是真心无礼的行为。所以就算是阿姨为此感到生气，我们为此而告诉他"不可以"，他也理解不了其中的深刻含义。

至于吐口水，这也许是孩子所能想到的可以不顾一切想要达到目的的最"厉害"的手段了，有时候我们会制止他的行为，可是他会发现嘴还是可以灵活运用的，那么这时吐口水就成了他唯一可以调动起来的反抗行为。除了吐口水，一些孩子可能也会用咬人来进行发泄。

对待两岁孩子的这些粗鲁行为，直接说"不"恐怕是不行的，因为他对这个字眼的理解有限，而且当他受到阻止时，由此而来的负面情绪是现在的他所不能化解的，所以可能反而引发他更为强烈的负面情绪。

但就这个孩子来说，吐口水等行为虽然正常但是不妥，可能跟他周围的环境有关，如周围的成人可能有过这个动作，或者是看了电视节目上有类似的动作行为，所以父母还是要关注一下的，要注意净化孩子周围的环境，注意对孩子进行正确的引导。

另外，我们可以好好想想，孩子为什么会在外人面前如此粗鲁？也许这正是因为我们总是强调他要做好孩子，给他带来了压力，这才导致他用明知故犯来获得关注。特别是孩子总是在外面"犯事"，而我们尽管再怎么平静，也会对他有制止甚至训斥的举动，这会给孩子带来一种内心的强烈刺激。

不得不说，这种情况的出现，与我们的教导方法不无关系。孩子的行为都是天性使然，也就是我们经常说的习惯成自然，显然孩子这样做的源头，是他在家应该享受到了很宽松的教育环境。换句话说，如果我们在家中就没有对孩子有诸如礼貌、礼节等方面的严格要求，反倒要求他不管在哪里都要做好孩子，这的确是强人所难的。

所以最好的解决办法就是，从家里就开始给孩子树立规矩，而不是等他出门犯了错之后再去批评教育。要让孩子从家开始就端正内心的秩序感，从家开始就为自己的言行树立正确规则，一旦习惯成自然，那么他在外面也就不会显得那么"横行霸道"了。

从孩子实际出发，明确家中规则。

在家中，我们最好设定较为严格的规则，不能做的事情坚决不能做，不要任由孩子随便折腾，有些规则可以直接写下来，贴在明显的位置，让孩子也意识到我们不是在和他开玩笑。同时，也要和孩子讲清楚为什么要建立这样的规则，简单地解释一下就好，不用说得太复杂，否则孩子也不会明白，反而可能会因为限定太多而产生反抗心理。

不管是制定的礼貌规则还是其他规则，都要贴合孩子的实际，也要贴合社会的需要。毕竟孩子还是要走向社会的，社会中的规则不能等他成年之后再去学习，一些从小就能培养的良好习惯，一定要从小时候就开始。

要求孩子家里家外都要遵守规则。

要把规则定得明确一些，而且要求他做到内外一致，那些我们不想在外面看见的行为，在家也要严格要求孩子不能做。比如，有的孩子在家就对爸爸妈妈动手动脚，看见好玩的就随便动手去摸去拿，那么难保他在外面不会这样，但相反的，如果我们在家就向他强调了管好自己的手和脚，对人对物都要尊重，一旦他的内心建立起了这个正确的规则，那么他不管去哪里、做什么事都不会违反这个规则了。

尤其是在外面的时候，多和孩子提及家中的规则，引导他想起什么是不能做的，这对他也是一种自觉的约束。当然了，在外面我们还是可以引导他的，用正确的做法来教他学会该如何正确表达自己的情绪。

了解孩子"违规"的真正原因。

不过，随着成长，孩子会变得越来越有自己的主意，有时候他会因为某些原因而明知故犯，排除那些真正有原因的明知故犯，比如他要引起妈妈注意，想要获得更多关爱等原因，如果他只是故意捣乱，那么可以停止他当下的活动，让他反思一段时间。

这种方法在家中会更有效，家里可以设立一个反思角落，我们全程陪着他去反思，让他从破坏活动中平静下来，好好想想自己的行为到底哪里不合理，并思考为什么他的行为是不被允许的。经常进行这样的训练，也有助于培养他在外面的正确表现。

少对孩子说"不"，别再激起他的反抗心理

如果家里有一个3岁的孩子，很多妈妈在生活中说的最多的一个词，就是"不要"。因为这时候孩子的身体自由度正在逐渐增加，他可以活动的范围也越来越大，他变成了小探险家，哪里都想去；也变成了小实验家，什么都想试试看；还变成了小"破坏王"，经他的手可能会做出许多让我们意想不到又不想看到的事情。

所以，这时的我们会不停地对孩子说"不要"，不要做这个，不要做那个，我们试图用各种"不要"来将孩子约束在我们身边，以免他出危险，也用各种"不要"来限制孩子的行为，以免他让自己处于不利之地。当然了，我们也用各种"不要"来否定孩子的某些观点，否定他的一些决定。

显然这个时候的孩子并不能获得我们足够的信任，可是孩子同样也会对我们的各种"不要"反应平淡。虽然说了"不要"，可真正地将其贯彻下来的孩子却很少，绝大多数的孩子都会拧着干，越不被允许就越要干，还有一部分孩子则是当着妈妈的面遵守"不要"，可扭头看妈妈不在就完全不理会这个"禁令"了。

这个时候的我们总觉得很累，认为孩子已经开始不听话了，变得难管束了。3岁左右的孩子难以被管束是正常的，因为这时候的他已经有了很强的自我意识，更喜欢按照自己的主张去做各种事，越是给予他约束，他反而会越不喜欢。

此时的孩子已经有了足够自由独立的行动能力，遇事也会更倾向于自己思考了，更想自己决定、解决各种事。这是件好事，证明了孩子的成长，他有着强烈的脱离被掌控的意愿，此时任何一个"不要"，显然都会激发他的反抗心理。

还有一个重要的原因，我们说多了"不要"，却会变成一种暗示，越是不让他干的事情，他想的反而越多。这是因为人类的潜意识是拒绝否定的，成年人尚且会对各种不要产生一种"越是不要越想要"的好奇心理，更何况是对独立有着如此强烈渴望的孩子。

另外，不知道我们有没有意识到自己说出口的"不要"其实只是半句话。比如，"不要玩了"，孩子接收到的命令是停止玩耍，那么接下来要干什么？我们却没说，因为我们可能只是觉得孩子当下的某些行为是不符合我们要求的，所以阻止就好，可孩子更需要的是明确的指令。所以只是单纯的"不要"，一定会给孩子带去困惑，他不知道自己到底应该做什么。

鉴于此，我们是不是也应该改一改说出口的那些要求了？少说"不要"，还是多给孩子用肯定句吧。

从正面直接告诉孩子想要让他做的事。

带着孩子去超市买东西，孩子却在货架之间跑来跑去，此时如果说"不要乱跑"，那么孩子多半都会是这样来应对：暂时有一分钟不乱跑了，但很快他就又会被某些东西所吸引，又开始乱跑。

所以，这种情况下，与其阻止，倒不如用明确的表达来告诉孩子我们希望他做什么。此时完全可以说"跟着妈妈的手推车走，咱们一起去找找有没有我们需要的东西"。这种直接明了的建议，让孩子一听就懂，而且和妈妈一起行动，也是一件很有乐趣的事情，这就是一种对他行为的肯定式引导。

用肯定句来表达自己的建议。

生活中我们会对孩子提一些建议，比如，"不要爬窗户""不要打人""不要摔了水杯"，等等，其实同样的建议完全可以用肯定句来说，这会让孩子更明确我们的意见。

比如，完全可以说"到屋子中间来吧，这里宽敞更好玩，也能看见窗户外面"，可以说"如果你喜欢他，就去和他握握手，或者摸摸他，他一定也会喜欢你的"，也可以说"把杯子轻轻放在桌子上吧，如果想喝水一会儿给你倒"。

这种直截了当的说话方式表达得很清晰，不会让孩子感到反感，毕竟"不要"一出口，怎么听都像是在训斥。所以我们越是用肯定句来表达自己的建议，孩子越能意识到他可以做什么，同时也会在内心对自己产生一种约束，建立起正确的行为准则，也就是说，从一开始孩子就可以避免做出错误的选择。

深入了解孩子做事的"理由"。

我们说"不要"，多半都是觉得孩子肯定会出错，从我们这里对他就已经不信任了，而且也笃定他做的就是错误的。这样对孩子并不公平，不管孩子做了什么，都一定有他自己的理由，在我们毫不犹豫地开口说"不要"之前，何不问问他这样做的原因，了解他的目的，然后从正面去给出积极的意见呢？

确切地讲，各种"不要"应该用在我们身上，不要再那么不相信孩子，不要再从成年人的角度去看待孩子的行为，不要再毫不犹豫地不问原委就制止孩子。3岁的孩子已经可以表达自己了，多和他沟通，这样才能从根本上阻止我们毫不犹豫地就将"不要"说出口。当然，前提是孩子的行为是合理正当的、不违背原则的。如果孩子想要违背道德原则，此时就真的需要我们用"不要"来约束他了。

第八章

和孩子一起玩，陪伴他顺利
度过叛逆期

　　身为妈妈，一定要抽出时间和精力陪孩子一起玩儿，可以跟他一起玩游戏，因为对孩子来说，玩儿就是学，在玩儿中学，在学中玩儿。会玩儿的孩子才会更独立，更乐观。但要注意的是，陪伴孩子一定是高质量的，而不是让电视、电子产品成为孩子的玩伴，否则就是父母失职。只有真心陪孩子一起玩儿，才能走进孩子的内心，才能跟孩子一起成长。永远记得，在陪伴孩子的过程中让自己成长，是孩子送给父母的礼物。

对于孩子来说，游戏就是学习

"万般皆下品，唯有读书高。"身为妈妈，我们对学习这件事颇为重视，特别是对孩子的学习，我们更是恨不能抓紧一切时间让他能学到更多的东西。所以，我们会对胎儿进行胎教，会让才几个月大的孩子去接受早教。

我们笃信，越早对孩子进行学习方面的教育，他的智能开发就会越提前，也就越能形成学习的好习惯，并在学习上更用心。我们的想法是，孩子从一出生，甚至是还没出生的时候就已经在学习了，不管他懂不懂，但学习这件事已经在他心里扎了根，那日后还怕他不学吗？

可是，我们是不是又忽略了孩子的自然成长规律？而且，我们是不是也误解了"学习"这个词？学习可不是只有端正地坐在桌子前看着书本、听着讲课才是学，可不是只有认真地翻看、记录、计算、抄写才是学，孩子从一出生就已经开始在学习了，他要学习如何生存，要学习怎样能让自

188

己独立，他有的是要学的内容，可唯独不缺我们所要求他学的数数、认字、写字等。因为这些东西不是现在的孩子必须要掌握的，时候未到，只是强求。

此时一定会有妈妈说了，不让孩子学这学那，那就让他玩吗？当然毫无顾忌地疯玩是不行的，所谓的"允许孩子玩耍"，就是要让他更有意义地玩耍。对于孩子来说，合理的玩耍就是成长，有意义的游戏就是学习。

事实上，在成长的最初几年里，孩子的大部分能量都被用在长身体、为将来的生活打下健康的基础之上了。他会调动全身的能量，来建立安全感、自信心，他需要我们无条件的爱与接纳，然后才能有自信，才能变得百折不挠，才可能有能力去继续日后的发展。否则，过早地让他开始学习，只能是透支了他的能量，等到日后真的需要他好好学习了，他的能量却变得不那么充足，反而更加学而无功。

对于孩子来说，生活就是一个认知的过程，他会通过亲身体验来感受这个过程，而这个认知的模式只有一种，就是玩耍。玩耍是孩子内心世界的直接表达，对什么好奇，对什么感兴趣，对什么产生想要了解的心，这些想法都会促使他产生学习的欲望。

一位妈妈在日记中记录了自己的感受：

> 给孩子买了玩具，各种各样的玩具，按照我们所想的那样子，声光电齐全，五颜六色，功能繁多，我们以为孩子会受到这些玩具的吸引，会喜欢玩那堆玩具。
>
> 可是我们想错了，孩子只是在最初拿到玩具的时候玩了几下，但很快就不那么喜欢了。更多时候，她会自己寻找可玩的东西，小瓶盖、吃空的药盒子、可以按出笔芯来的圆珠笔、装饼干的小盒子、外面发的小广告里夹着的优惠卡、爸爸出差带回来的

小梳子、姥姥衣服上造型奇特的拉链……这些东西都能吸引她的目光。

后来，我们不再强迫孩子必须玩玩具，放任她自己去玩，那些她关注的东西，她会很认真，她总能找到好玩的事情，玩得乐此不疲。

比如，她会自己发现圆珠笔的"开关"，按出来，随便找个什么地方画两下，然后再按回去，反复无数次，她都玩得开心不已；她会自己去"数"优惠卡，一张又一张，尽管都长得一模一样，但她也意识到这些卡片并不是同一个东西，都是独立存在的；她也会把姥姥身上的拉链拉上拉下，看着衣服开开合合，她露出了新奇的表情。

原来孩子真的是在玩中学的，看看她感到快乐的这些事，哪一样不会给她带来知识？她自己发现了圆珠笔的使用方法和用途，自己发现了即便一堆一样的卡片却也是不同的物体，自己发现了拉链是怎么工作的……

孩子的世界太神奇，所以只要我们不去过分干涉，只要能放手让她尽情玩耍，她就能在玩中发现生活、感受生活，并最终学会生活。

这位妈妈非常善于观察孩子，当她发现自己买的玩具并不合孩子的意，并没有像别家父母一样去强迫孩子玩那些玩具，因为她发现孩子自己就能发现很多有意思的东西，并且玩得很开心。

可是，也有很多妈妈非常"偏执"，很执着地想去安排孩子的一切。买了的玩具就要玩，逼着孩子去玩自己不喜欢的东西。或者喜欢按照自己的喜好给孩子买玩具，丝毫不顾及孩子的感受。这与我们逼迫孩子学习是同样的道理，我们认为孩子应该学习，强迫性地让他学，他当然没什么兴趣，但放开手之后，不用催促，他也会自己自由地去学。而且，这时他的学习范围会更广阔，这难道不应该是值得高兴的事情吗？

更何况，学习是一辈子的事，不急于一时，让孩子在玩中去学习，他会感受到快乐与自由，这样的学习总要好过用那刻板无趣的书本学习限制他。如果是担心孩子会因为玩耍而耽误学习，那就大可不必了。想想看，那些长大了的孩子为什么贪恋玩耍而不愿意学习？其中一个重要的原因无外乎太缺少玩耍的时间了，缺了才更渴望，所以孩子才会在本应该学习的时候偷着去玩耍。但相反的，如果孩子在本应该玩耍的时候可以尽情去玩，那么玩的过程中他自己就会发现有很多他不知道的东西，他自己就会想要去了解那些不知道的内容，因为只有了解了，才能玩得更尽兴，在不知不觉中，玩中学就会促使他有想要进一步学习的愿望。

总之，让孩子学习不是靠逼迫实现的事情，至少在3岁之前，孩子的主要任务应该是玩耍，我们要给他足够的机会去玩耍，保证安全的前提下，任由他去探索就好。

会玩的孩子更独立、更乐观

有这样一个快两岁的小男孩：

> 这是一个很"文静"的孩子，尽管是小男孩，但不管是被家里的谁抱着出来，他都安静地窝在抱着他的人怀里，一动不动，也没有别的反应。

家里人很少带他在室外玩耍，如果要活动，也是把他带去有很多大型玩具和游戏项目的儿童游乐城中去。但据说，在那种地方，不管是坐木马还是滑滑梯，男孩也都是没什么兴趣。而带他去的家人，则总是在一旁指挥着他要做什么，或者提醒他注意不要碰到什么东西。

　　爸爸给他买来一辆价格昂贵的遥控小汽车，他可以坐在里面，家人只要操纵遥控器，他就能很威风地坐着小汽车四处跑。可是，每次他坐在这小汽车里，也是一动不动，神情木然，似乎被操纵是一件很平常的事情，他完全没有什么高兴的反应。

　　男孩从很小就被妈妈限制着什么都不让摸，说是东西都是脏的，怕摸了再被他吃进去。妈妈还说好多东西都不卫生，所以禁止他自己去拿东西玩。表面来看，男孩是个被家人宠上天的孩子，但实际上，他已经被各种"规矩"禁锢住了，失去了探索的能力。

　　当自己的生活完全被他人所操控时，孩子也会慢慢"习惯"不去思考、不去动手操作，而与这种日渐习惯所伴随着的，恐怕就是孩子各种技能的慢慢退化，同时更是他对快乐的追求的退化。对于孩子来说，玩就是他最想做的事情，可是当他并不能自如地做自己想做的事情时，当他的各种要求都被拒绝时，当他不能凭借自己的意志去追求快乐时，他的快乐也就离他越来越远了。

　　其实孩子是不是活泼快乐，与他的行动能力有很大关系，他的四肢动得越多，他能做到的事情越多，他感受到的也就越多。而能自如地操纵身体的孩子，也就能更快地发现那些能引发他兴趣的东西，这也就意味着他越能找到让自己快乐的源泉。

越是会玩的孩子，就越会从玩耍的内容和对象中找到更多的乐趣，而这种乐趣不仅仅是快乐，更能让他学到知识、掌握能力，这也将促使他变得更为独立。

孩子都是在活动中发现自己的能力的，如果不让他自己主动去玩，他的很多能力都将被限定。不要觉得靠我们的保护和引导就能让孩子有所发展，孩子的成长不是在方形的玻璃箱里培育方形的西瓜，特别是在玩这方面，我们即便给他规划好了道路，他也不可能按照我们所想的去探索。

看看前面那个小男孩的表现就知道了，家人剥夺了他太多的自由活动，他变得越来越依赖，在他的内心里，仿佛也已经笃定了，自己什么都不用考虑，也什么都不用做，自会有家人来安排，就算着急或反抗，恐怕也是没用的，倒不如心安理得地去接受，但是这种接受又是被迫的，而且约束也太多，所以他才感受不到任何快乐。

总之一句话，会玩的孩子才会更加独立，也更加快乐，因此不要剥夺孩子自由玩耍的权利。那么我们能做的事情是什么呢？

释放孩子原本的天性自由。

不管孩子想要什么，其实绝大部分都是天性使然，他原本就是崇尚自由的，那就给他自由成长的空间。要摸什么、拿什么、品尝什么、感受什么，只要不是危险品，都可以让他尽情尝试。如果要玩，不要限定他必须要玩什么玩具或什么游戏，孩子已经具备了自己去寻找乐子的能力，所以任凭他自己去发现最好。

但是，随着孩子年龄的增长，在生活习惯和待人接物上，该限定的还是要限定，该纠正的还是要纠正，人是不会"树大自然直"的，"给孩子自由""无条件地接纳孩子"是对的，但是也需要有适当的引导。否则，到时候孩子的表现是会让人措手不及的。这部分约束，也是为了给予孩子更大的自由而设立的。

不要试图控制孩子。

苏联著名发展心理学家维果斯基说："在玩耍中，儿童通常超越了自己的年龄，超越了他每天的日常表现，他好像高出自己一头。就像放大镜的聚焦点一样，玩耍将所有的发展趋向凝聚起来。"可见，玩耍为孩子提供了发展的机会，为他提供了开发并运用大脑的机会，而这个机会也就是促使孩子变得独立的最佳契机。

所以，当孩子开始玩耍后，我们就不能做他身边的操控手了，他有权利选择自己要玩的内容，也有权利选择该怎么安排玩耍方向。我们不可以随便改变他的玩耍状态，可以配合他的行动，按照他设立的规则去做，可以给他一些更好的建议，但不要试图让他听我们的，只要放手让他自己决定就好。

不要总是建议孩子玩什么、玩多久、怎么玩，否则孩子就不认为是在玩耍，而是在按照我们的命令去做事了。会玩的孩子自会有独立性，我们也应该相信他，处在玩耍中的孩子其实也是很有自觉的，当他玩够了的时候，自然也会知道停手。其实这一点也与我们的培养有关，孩子一天的时间可以分成玩耍时间、休息时间、吃饭时间等几个部分，只要提前和孩子讲好时间安排，培养他有计划地去利用时间，他也不会因为玩而忘记其他事情。

站在孩子的角度体验他的快乐。

会玩的孩子快乐的是自己，但却可能把周围的人给弄糊涂了。我们都遇到过这样的情况，孩子自己拿着一个小纸片玩得不亦乐乎，但在我们看来会觉得无聊至极，同时也总想着要让他玩一些更高端的游戏来开发他某方面的智力或能力，但如果真的过去阻止孩子，并提醒他换个游戏的话，孩子的快乐可能很快就消失了。

我们并不知道孩子在这个小纸片上所获得的快乐是什么，所以也就没有权利去阻止他的快乐。孩子没准儿在锻炼自己手的灵活度，通过对小纸片的操控，他的手会变得越来越灵活，他会发现自己可以灵活处理这个小纸片，能轻易改变小纸片的样子，这种可以掌控自我的能力对他来说是非常重要的，这种快乐和独立自然也是非常重要的。

因此，不要随意否定孩子的行为，玩耍是孩子的天性，相信他总能从玩的过程中有所收获，我们能做的就是陪伴。如果想要多了解孩子，可以和他多聊天，也可以站在孩子的角度体验他的快乐，这都好过我们从成年人的角度去武断地评判他。

从探索身体到探索世界，自由少的孩子脾气大

总有妈妈说孩子很容易生气，动不动就发一顿脾气，尤其是阻止他做某些事的时候，他的反抗会更强烈，动不动就开始哭闹不已，显得我们很委屈他一样。对于这样的情况，我们也很委屈，明明是因为有些事看上去不合时宜才阻止他，他怎么能这么不知好歹呢？但是，我们有没有想过，孩子也有他自己的想法。

孩子正玩得高兴，妈妈喊孩子赶紧放下手中的玩具，立刻过来吃饭。孩子坐在原地无动于衷，妈妈又喊了几声，可孩子还是没动地方，妈妈有些生气了，直接走过去把孩子手里的玩具夺过来放在一旁，然后一把抱起孩子走向了饭桌。

孩子非常不情愿，使劲挣扎，妈妈的手又用上了些劲道，口

气更不好了，吼道："不是让你吃饭呢吗？怎么这么不听话！"

孩子左扭右扭，最后也喊道："我不吃饭！"

妈妈终于生气了，一把把孩子按到饭桌旁的椅子上说："不吃饭就饿死了！玩具一会儿再玩！"

"不！"孩子拧劲儿也上来了，"就是不吃，现在就玩！"

最终妈妈还是把孩子训哭了，孩子也被妈妈强按在了饭桌旁，一顿饭一家人都吃得没滋没味。

对于这样的孩子，我们总是会说"这孩子太不听话了，又不是不让他玩，就是让他吃个饭，至于反应这么强烈吗"，可是换个角度来想一下，如果我们在很专注地做一件事，忽然有人过来强烈要求我们停下手头的工作，马上去做另一件事，相信我们也会有不舒服的感觉。可是我们毕竟是成年人，会对这种情况有一个快速的反应，即便再不乐意，也能协调好当下做的这件事和即将要做的那件事之间的关系。

比如，同样的场景之下，我们工作得好好的，忽然来人说要吃饭，我们顶多会耽误一下，将手头的工作暂时停顿，然后就可以开始吃饭，待到吃完之后，也能立刻继续工作。

显然，孩子是没有我们这么强的灵活应变能力的，让他从当下正在做的且还是他感兴趣的事情中迅速抽身，这并不是一件容易的事情。孩子不是不听话，而是他从我们对他的阻止中，产生了一种被约束的感觉。3岁左右的孩子本来就正热衷于探索身体、探索世界，我们的种种横加干涉，不管出于什么原因，也终究算是他探索之路上的"障碍"，难怪他会感到不愉快。

其实，我们完全没必要和孩子"大动干戈"，如果能给他足够的自由，他的脾气自然也就不会像被充爆了的气球那样，随时都会爆开了。也就是说，要允许孩子自由地去探索，不给他太多约束，在保证他安全的前提下，将探索的主动权交到他手上，任由他自如活动。

具体来说，可以参考以下几条建议：

安排好玩耍的时间。

虽然说要给孩子自由，但是这种自由不是任凭孩子随便来的。如果我们抱怨孩子怎么在即将要吃饭的时候才开始玩，那可就是冤枉他了，因为原本这个玩耍的时间是可以被安排在别的时候的，只要我们能提前有所安排。

我们放任孩子随便玩，自己就没注意到时间的安排，到头来孩子已经深入进去了，我们却觉得他玩得不合适，我们是有行为预知能力的，而孩子没有，他只遵循自己的快乐感受，如此说来，主要问题在谁也就一目了然了。

安排好我们自己的时间，然后再和孩子商量他的时间安排，两相配合，也就能避免出现我们想要吃饭而孩子还没结束游戏的尴尬现状了。

提前定好游戏规则。

孩子并不是不讲理，只是我们之前没有将道理明确告诉他，如果能将需要他遵守的规则提前告知，本来就很追求秩序感的孩子，也会主动意识到要赶快结束自己手头的"工作"。

比如，不要等到开始吃饭的时候再去提醒孩子停止游戏，在开始做饭的时候就可以告诉他"妈妈去做饭了，等饭好了你就不能再玩游戏了，听到妈妈说'吃饭'的时候，你就要和玩具说再见，然后自己去洗手准备吃饭"，孩子并不是完全听不进去话的，提前和他打好招呼，他也会想起这条规则，这时他的心思就已经在往回收了，没准儿到我们说开饭的时候，他就已经做好准备了。

这个提前定好的规矩，一旦定下了就应该严格执行到底，不能说到了吃饭的时候，看着孩子玩得还很开心，我们就听之任之了。我们认真执行这个规则，孩子也会意识到这规则是重要的，是必须要实现的，他也会将这个规则当成权威，而不是以无所谓的态度去对待。

设定好奖惩原则。

孩子的性子是不定的，有时候他会很好地遵循之前我们定下的规则，但有时候也会任性而为。这个时候需要的就是奖惩分明了，如果孩子很乖地按照之前定好的规则做了，那就可以给他一些奖励，要清楚明确地告诉他会给他怎样的奖励。

比如，"如果你在我说停下游戏去洗手吃饭的时候，很乖地停下了，而且很认真地来吃饭，那么你会得到一块最喜欢吃的糖果"，当然这种物质奖励不能太频繁，偶尔为之就好，其他精神类的奖励还是可以多一些的，拥抱亲吻都是可以的。

而如果孩子没有遵守之前的约定，而且还有了抵抗行为，那就要有一些惩罚，比如，可以撤回之前允诺他的让他吃好吃的糖果，也可以让他复述一遍惩罚，以帮助他加深记忆，让他不再那么任性。

理智对待孩子不理会的情况。

3岁左右的孩子，从某种程度上来说也是很有定力的，一旦深入到自己眼下正在做着的事情中，他就会很认真，喊他他也听不见，不管说了什么，他都不会在意。这么认真的孩子，其实要说给予他夸奖都不为过。可不得不说，在我们对他有要求的时候，他这样不理不睬，的确会让精神紧张的妈妈感到火气上扬。

所以才说，我们还是应该做智慧型的父母，应该时刻保持冷静，不要因为孩子的不理会就大发雷霆，毕竟我们也算是扰乱了孩子原本的工作。这个时候倒不如走到他面前，引起他的注意，告诉他我们即将要做的事情，提醒他此时应该停下来了。

我们越是平静的态度，对孩子的劝阻反而会越有效，因为平静激不起孩子的愤怒，而我们平静的应对也能让孩子平静下来。再接下来有什么问题，也就都好说了。

孩子喜欢玩什么，让他自己决定

我们总是觉得自己才是最了解孩子的那个人，因此我们总是会擅自帮孩子决定他要做什么。即便是我们说了要让孩子自由地玩耍，可要玩什么，却还是由我们来决定，而且这个决定还很坚决。

一位妈妈带着3岁的孩子去游乐场玩，面对各种各样的游戏和大型玩具，孩子兴奋不已，同时也跃跃欲试。妈妈自然也愿意让孩子玩得更高兴，便拉着孩子向她认为好玩的玩具和游戏的方向走去，一边走还一边不停地给孩子介绍这个游戏怎么好玩、那个玩具多么有意思。

孩子先是顺从妈妈的意思玩了一会儿，可很快他就觉得没意思了，他想要去玩自己看上的那个玩具，但妈妈却又想要把他拽向相反的方向。孩子挣扎了一下，要求去另一边，妈妈不停地劝着"那个不好玩，这个才好玩"。

母子俩开始了拉锯战，最终妈妈先不高兴了，认为孩子故意捣乱，而孩子的心情也好不到哪儿去，觉得妈妈根本就不是带他来玩的。

母子俩这样的互动，让孩子瞬间没了玩耍的兴趣，妈妈很快带着孩子离开了游乐场，高高兴兴出门，结果败兴而归，真是不开心的一天。

我们有自己的喜好，孩子也是一样，就像孩子想让我们玩他玩的东西，我们不一定会喜欢一样，我们擅自强加给孩子的游戏选择，也不一定是他想要的。

其实很多时候我们都是在自寻烦恼，原本应该是孩子自己考虑的事情，我们却总是想要越俎代庖替他考虑，而孩子如果不接受我们的建议，就会被我们认为是他不识好歹，觉得他辜负了我们的一片心意，如此强人所难，孩子又怎么能愿意接受？

想要做到了解孩子、理解孩子并能恰到好处地帮助孩子，并不是一件容易的事情，而且很多时候，孩子还不一定愿意我们帮他，甚至我们都不能确定他是不是真的需要我们的帮忙。

特别是在玩这件事情上，孩子更需要那些他很感兴趣的游戏，这样的游戏是他自己需要的，是他自己想要继续的，所以玩得会更尽兴，而且是他需要的，就意味着可能有他想要了解的内容，那么这个玩给他带来的就不仅是快乐，还会有更多促进他成长的部分。

所以，如果孩子想玩什么，还是把选择权留给他自己好了，只有他自己知道最想玩什么，只有他自己才更了解游戏中真正令他感到快乐的地方。

不要用成人世界的法则来衡量孩子的玩法。

带着孩子去游乐场，花了很贵的门票，结果孩子只钟情于其中一种游戏或几个玩具，甚至可能只玩了一个游戏就耗费了一天时间。对于很多成年人来说，这是一笔并不那么划算的交易，因为我们更希望获取的是"等价交换"，否则就会有吃亏的感觉。

在孩子玩耍的时候，我们也会代入这种不吃亏的心理，所以不断地催促或不断地强调，只希望孩子能按照我们设想的那样让金钱和时间的消耗变得有价值。

可是，这个价值是对我们来说的，我们觉得不合算，但在孩子那里合不合算，我们有没有注意到呢？孩子其实真的没有任何浪费，他会抓紧所有时间来让自己尽情体验某个游戏或玩具所带给他的冲击和感受。

正因为我们不是孩子，所以不要随便就说孩子这样的玩法是不合理的，再说得通俗一点，那就是不要担心浪费金钱和时间，孩子的收获要远远大于我们所付出的，一旦他选择了要玩的内容，我们能做的就只有在一旁认真陪伴，无怨无悔是最好的心态。

做孩子最好的"后台"管理。

既然不能在孩子的玩耍中占据主导，那么我们怎么办？是在一旁看着就好吗？也不行，太简单地在一旁什么也不管，完全放手也是不合适的。那么，我们此时最好的身份，应该是孩子的后台管理。

帮助孩子管理好玩耍的时间，注意玩耍时他周遭的环境安全，保证他的游戏动作、行为不会对他自己和他人造成伤害，帮他把关他要接触的材料，及时为他补充水分和食物，这些才是我们要主要关心的内容，不要喧宾夺主最重要。

尝试着加入孩子的选择中去。

其实我们还可以选择加入孩子的游戏，在孩子选择好之后，如果有可能，不如和孩子一起参与到游戏中。在游戏过程中，我们可以体会孩子的快乐，去感受他选择这个游戏或玩具的原因。更重要的是，我们还可以在游戏过程中引导孩子去专心地进行探索，也可以在不经意间给孩子指点迷津，让他玩得更有意义。

但不管怎么说，我们都不能成为主角，参与也要注意自己的参与度，千万不要太过主动，等着孩子的安排，顺应他的指挥就好。

整个过程下来，我们只能提建议，而且不能强迫孩子接受，就算他做了我们不喜欢的事，只要不是违背道德原则的，只要没有危险因素，我们就不能过分干涉。

不要让电子产品和电视成为孩子的玩伴

随着时代的进步，科技发展的速度越来越快，大量的电子产品开始进驻千家万户，其中很多产品甚至成为很多家庭中必不可少的东西。

回忆一下，我们小时候的玩伴都是什么？是邻居的孩子，是翻了又翻的小人书，是即便一个人也玩得起来的皮筋、毽子、沙包……可是现在孩子的玩伴又是什么？除了和他同龄的小伙伴，就是多得数不清的玩具，此外，还有一个最重要的群体——电子产品。

这里所说的电子产品可不是孩子的那些电动玩具，而是电脑、手机、平板电脑、电视……在很多家庭里，甚至这些东西才是孩子的最主要玩伴。

但是，电子产品这个玩伴可不是好惹的，因为它给孩子带来的可不只是五光十色的内容和眼花缭乱的感觉，它同时也会给孩子带来伤害。

就拿看电视来说，有关小儿医学研究指出，经常看电视的孩子，其大脑会受到过度刺激，使得其发育中的大脑结构被迫改变。新生婴儿的大脑在最初的两三年发展非常迅速，因此也很容易受到外在影响而导致"重组"，电视影像对婴幼儿的大脑会有"催眠和迷惑"的作用，所以看电视时间越长，孩子就越容易出现注意力不集中、行为冲动和焦躁不安的问题，同时也更容易导致他的思想混乱。

美国儿科协会（AAP）曾发出这样的告诫：避免让两岁以下的孩子看电视。因为过早地让幼儿看电视可能有碍其智力发育。

日本的小儿科学会也经过研究证实，两岁以下的婴幼儿如果看电视的时间过长，他的语言发育会受阻，而表达能力也会被大大削弱。即便孩子没有直接看电视，家中其他人特别是妈妈若是长时间沉溺于电视节目之中，同样会影响婴幼儿的语言发育。因为婴幼儿的语言发育是需要与人交流来完成的，若是我们看电视时间过长，势必会减少与孩子接触和交流的时间，那么孩子的语言发育自然会受到影响。

不仅仅是看电视，所有的电子产品都存在这样的问题。除了这些问题，电子产品那强烈的声、光、色效果，会影响他的视听能力的发育，可能存在的电磁辐射，同样会给孩子带来健康问题。如果是体型较小的电子产品，诸如手机、平板电脑等产品，孩子手握和低头的时间太长，还会影响他的骨骼发育。

可尽管说了这样多的坏处，还是会有家庭用电子产品来逗弄孩子。其原因不过有这样几点，电子产品功能强大，里面可以装进大量的儿歌、故事、动画片，孩子本来就喜欢这些东西，这无疑就提供了一个可以更多接触的便利条件；电子产品方便携带且容易引起孩子的兴趣，不管怎样的玩具，都会占据大量的空间，一个小背包都不一定能装下，而电子产品就不同了，扁平的一个小平板，随时都能调取想要的东西，就能用它来逗得孩子开心，并安抚孩子急躁的情绪，而且电子产品本身就具有多变性，孩子也喜欢通过自己的手去滑动屏幕，欣赏五颜六色的界面的变化。

而最大的好处是对我们而言的，有了这些电子产品，可以教孩子唱歌、跳舞、玩游戏，还能给他讲故事，还可以教育他学习，几乎算是包罗万象了，特别是在孩子哭闹的时候，只要把电子产品放过去，不管是让他玩游戏还是看动画片，他的注意力都能被转移从而不再哭闹，这就为我们省下了很多时间和精力。可以说，一部电子产品在手，可以让我们从孩子的哭闹和无序疯玩中解脱出来，这也难怪电子产品会成为诸多妈妈哄孩子的"心头好"了。

可是，使用电子产品哄孩子，却是我们最不负责任的表现，从养育者的角度来说，我们相当于放弃了养育的责任，同时也伤害了孩子的身体发育和已有的健康状态。那么，在当下这个科技高速发展的时代，我们又应该怎么做呢？

正确对待看电视这件事。

电视不是不能看，而是不能让孩子经常看，更不要让他养成没事就看电视的坏习惯。孩子能看的电视内容并不算多，只有动画片和少儿节目而已（当然前提还是需要辨别，不是所有的动画片、少儿节目都适合幼儿看），其所占用的时间应该不算太多。至少对于3岁左右的孩子来说，看电视只能成为他生活中的很小一部分内容，每天半个小时足够了，就只是一集动画片或一期节目的时间。

看之前，就要和孩子商量好，只能看一集动画片或一期节目，看完就应该立刻关掉电视。看电视的时候，要让孩子远离电视，而且最好打开灯，不要让电视光直接刺激孩子的眼睛。坐十几分钟之后就要让孩子起身活动一下，不要让他坐得太久。特别要注意的是吃饭的时候不能看电视，或者是我们要把吃饭的时间和他看动画片的时间错开，以保证两不耽误。

如果我们自己很喜欢看电视，那此时就要忍耐一下了，在孩子还小的时候，要适当收敛这种爱好，缩短看电视的时间，把时间留给孩子，陪他多玩一会儿。

当然，也有的家庭选择不看电视，甚至客厅里就不放置电视，这也是可以的。这些父母认为，人生时光有限，与其浪费时间在电视上，不如花点时间进行自我提升。而这样的家庭中，孩子没有这个"诱惑源"，自然不受其污染，也不会想到看电视这件事。他们用别人看电视的时间来学习和陪伴孩子，不得不说，这也是非常有智慧的父母。

　　当然，有些人可能会觉得这样的做法太"极端"，所以，个人还是要看个人的选择，有电视的家庭只要能合理、正确地安排时间，电视也会成为一个有利的学习工具，这是毋庸置疑的。

正确对待其他电子产品。

　　手机是我们日常生活必备品，但是现在的智能手机越来越发达，它已经不仅仅具备打电话发短信的功能了，我们使用手机也多半都会在用它庞大的附加功能。但是我们抱着手机的时候，孩子自然也会在一旁观察这个新奇的东西。尤其是有些人会用手机调出动画片或游戏，结果孩子也成了手机的"奴隶"。

　　很多妈妈发现一个问题，尽管我们给孩子买了很多玩具，但他就是不喜欢玩儿，就是喜欢玩手机。那这到底是为什么呢？大部分原因可能是由于，从他出生后，他就看到父母和周围的人抱着手机玩，所以他自然就认为手机是最好的玩具。可见，父母怎样做，孩子就怎样学。父母说的他不信，父母做的他才信。在孩子的眼里，玩具不好玩，手机才好玩。原因就在这里。

　　与手机同样的还有平板电脑，不得不说其实是我们自己对这些电子产品的依赖才导致了孩子也被同化。

　　那么与孩子在一起的时候，最好让手机和平板电脑等电子产品远离我们的视线，专心致志地和孩子做游戏、交流就好，即便这些电子产品中有可以引逗孩子的软件在，也不要轻易拿出来使用。否则，以孩子对新奇东西上瘾的年龄特质，他很快也能陷入其中。

因此，家有3岁孩子，暂时收起电子产品是必须要做的事情，暂时不用这些东西对我们的生活不会造成影响，但如果放任不管，可能会对孩子造成莫大的影响，其中的利弊妈妈们要自己去衡量。

正确对待玩耍这件事。

不用电子产品就不能和孩子一起玩了吗？当然不是。没有电子产品，我们才会有大把的时间和孩子在一起。

孩子有那么多的发现，有那么多可玩的东西，陪着他一起玩就能让时间在不知不觉中溜走。多带孩子走出家门，带他认识大自然，带他结交更多的小伙伴，我们有这么多的事情可做，何必只拘泥在那影响我们和孩子身体健康的电子产品上呢？

最简单的，我们完全可以将自己小时候玩过的游戏拿出来和孩子分享，让他的身体和头脑都能以更简单更健康的方式活动起来，这样他才能体会到玩耍的真正快乐。

有的妈妈会说，之所以给孩子电子产品，不就是因为自己没时间陪他吗？这样的理由纯粹是借口。首先，我们不可能没时间，只不过是时间安排不那么合理，什么时候忙、什么时候闲，我们完全可以把时间安排得更妥当，闲下来的时间留给孩子足够用了；其次，有的妈妈只不过是想要自己也有休闲的时间罢了，如果给孩子一个电子产品，自己想要看手机还是平板电脑，也就悠闲了许多，这样的想法可要改一改，我们也应该改掉自己对电子产品的过分依赖了；最后，就算自己真没时间，看看家里其他人有没有时间，请他们暂时替自己带孩子度过愉快的玩耍时间也是可以的。

总之，孩子的玩伴可以有很多，电子产品绝对不是一个好的选择。作为妈妈，要谨慎为孩子把关，让孩子快乐玩耍，过真正有意义的童年。

孩子最好的朋友为什么是一个玩具

先来看这样一件事：

有位妈妈准备了一桌饭菜，招呼着一家人上桌吃饭。3岁的女儿抱着最喜欢的熊宝宝也爬到了自己的椅子上，并且让熊宝宝和自己坐在一起。

妈妈觉得有个玩具在饭桌旁边不合适，既不方便也不卫生，便劝女儿说："先把熊宝宝放在一旁，你和它一起挤在椅子上，你会坐不稳。"

"不行！"女儿很严肃地说，"毛毛是我最好的朋友，如果不和它坐在一起，它会生气的。"

妈妈一愣，刚想说什么，就听女儿依旧一板一眼地说："怎么没给毛毛准备碗筷呢？"说完，自己从椅子上跳下去，找了一套碗筷回来，很端正地放在了熊宝宝的前面，然后才温柔地对熊宝宝说道："毛毛，今天我们一起吃，以前都是我自己吃，真对不起。"

后来吃饭的过程中，女儿还告诉妈妈，熊宝宝爱吃什么，不爱吃什么。

妈妈一开始觉得女儿只是在玩家家酒的游戏，可后来她发现，女儿真的很认真，对着一个不会说话的熊宝宝，她的一切表现都好像坐在她身边的就是一个与她一模一样的孩子。

孩子忽然对这样的"朋友"产生了浓厚的兴趣，言行举动中就好像真的在和一个人交流，这种情况令有些妈妈感到担忧。

而更"离谱"的情况则是，有的家庭中，孩子会对着其自言自语，不管是吃饭睡觉，也会留出一个空的位置。可是孩子的表情动作甚至是感情却都是认真的，不容他人质疑的。

对这样的情况，我们当然会感到困惑，疑惑孩子怎么会对一个非现实中的人物有这样深厚的情感，更疑惑他怎么可能分不清现实与虚拟，相信一定有爸爸妈妈认为孩子是不是生病了，是不是产生了幻觉。

孩子最好的朋友是一个玩具，或者是一个他假想出来的朋友，多数情况下，这并不是一种病态。因为在现实生活中的交友需求得不到满足，或者是我们对孩子的关注和爱不够，让他产生了一种孤独的感受，这就促使他可能会创造出自己假想的伙伴。

除了这两种情况，孩子在生活中如果体验到了太多的不良情绪时，也会开始寻找和创造假想伙伴，通过对假想伙伴的诉说借以发泄他的委屈、害怕、不安、孤独或无助，而通过这种发泄，孩子就会对这样的一个伙伴产生一种特殊的情感依赖。

还是那句话，有假想的朋友并不是不好的事情，这对于孩子来说是很正常的事情，因为这个朋友可以算作孩子的一个理想的伙伴，它兼具多种功能，可以任由孩子发泄而不会对孩子产生抱怨甚至嫌弃的心理；可以充当孩子心理上的"保护神"，因为只要有它在，孩子就感觉自己具备了无穷的力量；最大的好处就是孩子的陪伴者，不管去哪里，这个假想的朋友都可以跟着孩子一起行动，并不受任何其他因素的影响。

在与假想朋友的相处过程中，孩子也会让自己的角色不断丰满起来，而且有时候他还会一边扮演自己，一边扮演朋友，这种角色的变化也会促使孩子学会在现实中与人交往的种种技能。孩子内心的多个方面，都能在这种角色扮演中得到巩固，这有助于他形成较为稳定的个性。

所以，当孩子有了假想朋友时，我们应该这样来做。

保持镇定，尊重孩子的假想朋友。

孩子的假想朋友可能是任何一种东西，而且这种东西的存在是我们所不能预知的。所以当孩子忽然说出他有某个我们所不知道的朋友时，我们最好能保持镇定，不要惊慌，更不要因为那个朋友有违我们的认知而感到震惊或气愤。

可以和孩子聊聊他的朋友，了解他的朋友，并且尊重他的朋友。一定不要训斥孩子，更不要残忍地把现实说出来，以免破坏孩子此时美好的感受。

而且，不仅是在孩子面前不能破坏他对假想朋友的感情，即便孩子没在身边，或者和其他妈妈聊天的时候，也不要嘲笑孩子的所作所为，哪怕不说，也不能将孩子与他假想朋友的感情当成笑话来讲。不过多评论，就不会引发孩子的反感与负面情绪。

可投入孩子的游戏中，但不过度。

有时候，我们也需要参与到孩子与他的假想朋友之间的游戏中，我们可以适当地扮演孩子所需要的一个角色，不过一定不能太过投入其中。有的妈妈认为，只有积极地配合才能让孩子感到满意。这其实是不正确的，因为朋友是孩子自己假想出来的，他认为自己对这个假想朋友是有绝对控制权的，而我们如果过分投入的话，就有可能会干涉孩子对假想朋友的控制，这就会让他将现实与想象混为一谈。

所以，我们只能给予孩子的假想朋友点到为止的关爱。比如，前面那个孩子用像对待真正朋友的态度来对待一只熊玩具，这一点我们可以尊重，但也可以告诉她，"毛毛饿了的确要吃饭，但是饭桌上没有地方了，所以它必须坐在别处，妈妈会给它找个合适的位置"，用明确理智的表达来告诉孩子某些事实，要比迁就和强迫阻止有用得多。

要能及时反思自己的现实生活。

说到底，我们还是应该反思一下自己的，孩子为什么找了一个假想的朋友做朋友？我们平时对他是不是真的关心太少了，这才导致他倾向于向虚拟世界来发泄？平时他的朋友是不是也太少了？

对于这些问题，我们都应该好好反思，因为很多原因都会导致孩子选择虚拟朋友来满足自己内心对爱的渴求。

因此，我们不要把自己的所有时间全都交给工作、家务和自己的朋友，一定要留出足够的时间来陪伴孩子。适当地也要与周围的爸爸妈妈们相互结交，多带着孩子和其他孩子一起活动，鼓励他多与小朋友们在一起，让他多和真正的朋友过真正快乐的生活。

孩子怎么是一个人？鼓励他自己去交朋友

3岁是大部分孩子入园的年龄，孩子一旦上了幼儿园，就能接触到更多的小朋友，这也就意味着他可以结交更多的朋友。可是，并不是所有的孩子都能那么大方自然地与其他孩子成为朋友的，很多孩子会因为腼腆、害羞等而无法与周围的孩子和睦相处，因此也就没法与他们成为朋友。

一位妈妈发现刚上幼儿园的儿子好像并不那么喜欢去幼儿园，因为每天送他去的时候他都一副愁眉不展的样子，而下午接他回家时，他又表现得高兴异常。

事实上，在送儿子进入幼儿园之前，妈妈带着他去看幼儿园时，他还是非常开心的，看到幼儿园里有那么多玩具和小朋友，他是充满期待的，他还曾经对妈妈说"我要马上去幼儿园"。看到儿子现在与之前的反差，妈妈感到很纳闷。

后来，妈妈和老师了解了一下，老师告诉她，儿子在幼儿园里显得很孤僻，总是不能和周围的孩子们玩到一起去，经常自己一个人待着。老师还以为他是有什么心事，可在动手、学习等方面，他又很积极，老师有时候也搞不清楚孩子到底怎么了。

妈妈无奈之下，只得去问儿子了，儿子这才说出了实情，原来他觉得自己在幼儿园里被别的小朋友孤立了，没人和他一起玩，而他自己又不知道应该如何主动去找别的小朋友玩，他觉得很孤单也很委屈，这才对上幼儿园这件事产生了抵触心理。但老师总是能和他有交流，还能教他一些新鲜知识，所以他才没有和老师也"闹翻"。

妈妈叹了口气，看来是有必要鼓励孩子自己能主动一些去交朋友了。

孩子都很渴望与朋友相交，特别是在幼儿园这种地方，别的小朋友都能凑在一起玩得不亦乐乎，如果我们的孩子只是自己一个人在一旁无人理会，想想这个场景也确实令人感到难过。

不过，孩子没有朋友，或者孩子交不到朋友，也是有多方面原因的。

孩子自身的原因。

从孩子自身来看，如果他性格过于内向害羞，那么在与人交往过程中，他的表现就会令人很不满意，几次接触之后，大家也就都不愿意与他交往了。而且过于内向的孩子很容易受到他人的欺负，这样他也就不敢再主动与人去交往，而只能等着他人来主动和他交往。这样的孩子在交往中总是被动的，自然也就没法融入朋友圈子中。

周围环境的原因。

从孩子周围的环境来看，我们的表现对他的交友情况也是有着很深刻的影响的。如果我们对孩子关怀备至，让他感受到了足够的爱，那么他的内心就会充满阳光，会有足够的安全感，这样的孩子就是坚强的、开朗的，会主动与人交往，认识更多的新朋友。即便是在陌生的环境里，他也能很快适应，并找到伙伴。反之，若是我们对孩子都不够关心，给他的爱若有若无，孩子缺少爱，没有安全感，缺乏自信，也必然不懂得付出爱，又何来朋友呢？

家庭氛围的原因。

如果我们的家庭氛围就是压抑的，如果我们自己就不擅长交际，那么这种压抑的氛围也会影响孩子的情感培养，他会觉得外界都是不安全的，连爸爸妈妈都不愿意交往，他自己也就会在与人交往时有退缩、逃避的表现。

对孩子过于娇宠。

如果我们对孩子太过娇宠，也会导致他交友不顺。有的孩子会因为娇惯而变得习惯被动行事，从不主动出击，当然也就交不到自己想要的朋友。有的孩子又恰恰相反，被宠得太过分就变得太过霸道，我们对他的过度纵容会导致他的自我意识过分膨胀，时刻以自我为中心，完全不顾及他人的感受，这样的孩子会以捉弄取笑他人为乐，一点都不懂得尊重别人，甚至还会处处攻击他人，又怎么可能获得他人的青睐？别人对他恐怕也是避之唯恐不及的。

要支持鼓励孩子自己去发展新朋友，我们还是要出一些力的。

用和谐的家庭氛围感染孩子。

如前所说，家庭环境会影响孩子的交友能力的发展，所以我们要为他创建一个和谐的家庭环境。不要太宠着孩子，把他看成家庭中一个与所有家庭成员地位同等的人，多和他交流，有问题也跟他讨论一下，听听他的意见想法。要让孩子渐渐养成独立的性格，帮他树立起自信心，这样再与人接触时，他就不会那么害怕，而是能大胆地与人相处了。

教孩子用正确的方式来获取朋友的关注。

不管是孩子欺负人还是嘲笑人，又或者是用哭闹或其他别扭的方式来与人接触，这可能都是他想要引起他人注意的方式罢了。但显然这些方式都是不太妥当的，不仅不能帮他吸引到他人的注意，反倒引得大家对他心生反感。

所以我们需要教孩子用正确的方式来获得朋友的关注，也就是要教他一些社交技巧。比如教他要懂礼貌，与人相处要常微笑，知道谦让，而且时刻都要记得真诚。可以用一些情景设定来让孩子学会交往，我们和他分别扮演不同的角色，来教他学会处理交往过程中遇到的各种问题。

不要给出错误的鼓励。

在教孩子学习交往的过程中，我们也会教他学会自我保护。不过，有的妈妈却采取了错误的教育方式，比如会教孩子受人欺负的时候去欺负回来，甚至鼓励孩子去抢别人的东西、攻击别人，只为了让他不吃亏。这样的教育态度，无疑会培养出跋扈无礼的孩子，这样的孩子必然会被大众所排斥。

要知道，自我保护也应该是在文明状态下来实行的，一定不要鼓励孩子使用暴力，有问题可以帮助他想办法，告诉他要用智慧的方式去应对问题，才能收获真正的好朋友。

给孩子机会，让他自己去分辨是非

蒙台梭利说："让孩子学会辨别是非，知道什么是不应当的行为。如任性、无理、暴力、不守秩序及妨碍团体的活动都要受到严厉的禁止，逐渐加以根绝，必须耐心地辅导他们，这是维持纪律的基本原则。"

辨别是非的能力是能保证一个人不会做错事的基本条件，只有知道什么是对的、可以做的，才不会做错事，否则如果误将错事当成了好事去做，还没有一点悔改之心，孩子也就会变成颠倒黑白的人。这样的人不仅会被他人唾弃，更会被社会轻易淘汰。

要怎么分辨是非，孩子还是需要好好学习的。不过一说到学习，我们可能立刻就又联想到自己"教育者"的身份了，我们更愿意自己去教导，亲自告诉孩子什么是对的什么是错的，用批评和教育来帮助孩子明确是非。因为我们认为，只有我们亲自告诉孩子，才能保证没有漏掉重要的内容，只有我们亲自告诉他对错，我们自己才会安心。

虽然这样的教育是没问题的，但却并不是最合适的。对于孩子来说，由外界强加的信息，终归是外来物，只是听我们讲解是非对错，他并不能更好地理解是非的根本区别。就算我们再怎么反复强调，孩子记住的也只是我们说过的话，至于说话的背后内容是什么，有什么更深层次的意义，他是很难理解的，因为他的理解能力此时还不强。

而相对的，如果是孩子通过自主意识来分辨是非，是通过自己的感觉来让正确的是非观念在头脑中扎根的话，这对孩子就比较有意义了。通过自己的努力学到的东西，他经历了全过程，也体会了全部感觉，亲身体验会让他记得更深刻，而且在日后的身体力行中，他也能用自身的经验来应对，这就又锻炼了他分辨是非的能力。

而若要真正实现这一点，就需要我们肯放手给孩子机会了。可恰恰是这个机会，很多妈妈却并不愿意放手，生怕孩子如果没了自己的指导，会犯下更大的错误。

> 有个3岁的小男孩和小区里其他孩子抢滑梯，他没抢上，便动手打了别的孩子几下，被打的孩子哭了。男孩也不高兴，妈妈过来一了解经过，别的不说，先训了儿子一顿，说道："你怎么能打人呢？打人是不对的！打人不是好孩子！抢不上就不抢了，打人是绝对不可以的！"
>
> 小男孩一边哭，一边很气愤，他气鼓鼓地看着妈妈，妈妈却认为是儿子没有听懂她的话。在向对方的爸爸道歉之后，妈妈拉着儿子回家，一路上又不停地给他讲了很多关于不能打人的道理。
>
> 可是小男孩都没听进去，因为他很疑惑，此时妈妈为什么要站在别人那边，为什么不帮着自己？他还觉得妈妈一定是喜欢别的孩子，不喜欢自己。
>
> 结果，小男孩并没有听妈妈怎么说，他想的是，下次一定还要去抢滑梯，下次可不能输。

很多时候，当我们认为自己的教育可以让孩子有所进步时，只不过都是一厢情愿罢了，孩子有自己的想法，也有自己的考虑，如果我们没有了解他的内心，只是一味地想用教育去强迫他明辨是非，这是不可行的。因为孩子非常有可能会将注意力放到别的地方去，我们强加的教育，只会让他的状况更糟糕，还没化解的负面情绪尚且在他心中堆积，他怎么可能听得进去那样苦口婆心的教育。

遇到这样的事，如果能引导孩子自己去处理，其结果就会完全不一样了。比如妈妈可以这样对孩子说："大家都想玩滑梯，但总会有先有后，妈妈知道你很喜欢玩，不过早玩一会儿、晚玩一会儿也没什么不是吗？你看，他们玩过去了，这不马上就是你了吗？如果别的小朋友也因为你玩滑梯了就打你一下，你会高兴吗？所以啊，大家一块儿好好玩吧！"

没有训斥，没有指责，只是用换位思考的方式来引导孩子将同样情景作自我转换，孩子都会自己进行思考，所以不必很明确地告诉他做错了，让他认识自己的问题，他也会明白自己的行为到底是对还是错。

更何况，3岁左右的孩子刚好都处在一个反抗的阶段，如果贸然对他进行指责，一旦他的反抗心理起来了，可就更顾不得对错是非了，他只会去做自己愿意做的事，只会做让自己感到舒服的事，到时候就更加没法让他明辨是非了。

归根结底，要让孩子自己明辨是非，我们最好先控制好自己的情绪。只要我们不因为眼前孩子的错误而大发雷霆，就能顾及他的情绪，就能想到用合适的语言来引导他进行自我思考。

即便是面对两三岁的孩子，我们对他也要有最起码的尊重。显然引导和适当的提醒更适合现在的孩子，不用很复杂地给他解释太多，三言两语引导他思考自我行为，如果能引他自己说出什么是对的、什么是错的那就更好了。

当然引导孩子的同时，我们也要明辨是非，身为妈妈，规范好自己的言行，将有助于孩子的模仿学习。家中明确的是非观念，也将成为孩子确立自己内心是非观念的一个准则。

但如果孩子总是反复犯同样的错误，那我们就要注意了，要看看自己当初是不是没有讲清楚这个道理，看看孩子是不是有什么隐情没有和我们表露出来。尤其是一些原则性的问题，我们要保证一次性给孩子讲清楚，让他知道哪些错误是绝对不能再犯的，教他明辨是非的同时也是在规范他的行为准则。所以，这些原则性的问题要给孩子讲明白，可不要给他太多机会去屡次"尝试"。

而一旦孩子试图"挑衅"，试图去"尝试"各种危险（如动暖水瓶，摸电源插头、插线板等）时，在这样的紧急关头，一个巴掌"拍"过去或一下子"拉"回来还是非常有必要的。因为有时候，3岁的孩子还真"听不懂""记不住""摸不清"我们所讲的"道理"。

在陪伴孩子的过程中得到成长，这是孩子给你的礼物

在很多人看来，成长似乎是一个只与孩子相关联的词，只有孩子才需要成长，因为他是稚嫩的幼苗，他从出生开始就需要不停地学习，以让自己能逐渐成长为可以抵御风雨、可以让自己稳立于世的大树。

可是有一个事实却是我们不能忽略的，那就是我们妈妈的身份，只有有了孩子，我们才能获得这个身份，而只有我们真正履行了妈妈的职责，这个身份才是合格的。而若想要取得合格的资格，我们也需要成长。这个成长其实是与孩子的成长并行的，在陪伴他的过程中去成长，这也是每位妈妈，或者是为人父母者所特有的成长经历。

有位妈妈是企业的高管，生孩子并没有让她放弃自己的工作，但她也找到了好方法来协调带孩子与工作的关系。

她说："我从来不会把时间都交给工作，特别是周末，尽量不安排加班和外出，周末的时间全用来配合孩子的社交活动安排。只要不是工作时间，我都会用来陪伴孩子，让他知道妈妈是他随时可以依靠的人。

"而有了孩子之后，我也逐渐改变了自己的性格，原本我很容易急躁，但面对孩子，急躁是不管用的，所以我也需要和孩子共同成长，变得逐渐慢下来，这样我的体会和感受变得更多，也比以前耐心许多。而这种耐心不仅让我在照顾孩子方面得心应手，对于我的工作也起到了良好推动，耐心让我不会再急于求成，可以和同事有更好的沟通以更好地完成任务。

"不仅如此，我还学会了沟通，因为工作原因我和孩子在一起的时间不算长，但每天我都会坚持和他交流，了解他的想法，理解他的情绪，和他分享快乐，承担负面情绪，遇到问题也能和他一起思考，想解决的办法。我现在也学会了站在孩子的角度去考虑问题，这也帮助我更容易地体会换位思考，这是个很有意思的过程。

"在我看来，虽然我的确是在养育那个小小的孩子，可很多时候，我却觉得是孩子给了我一个重新成长的机会，这样的机会难能可贵，我又怎能不珍惜？"

这样的成长经历的确难能可贵，包括性格、处事特点几乎都可以通过这样的一次经历来进行改变，而且这种改变通常都会是好的改变。因为我们面对的是孩子，孩子是单纯而直接的，我们也只有坦诚温柔地对待他，才不会伤害他。

但是，很多人并不愿意承认这样的成长，因为他们想到的是自己为人父母的"尊严"，认为自己既然身为成年人，就代表着权威，不用学习就可以将孩子教育得很好，自然也就用不着成长。可是这不过是我们的自以为是罢了，孩子的成长过程，也是我们的成长过程，如果我们没有按照孩子的需求来"成长"，受苦的可不仅仅是孩子，我们也会"苦在其中"。

试想一下，孩子在一天天长大，我们却还总是如对待初生婴儿般对待他，凡事都帮他做，总是用和婴儿沟通的方式和他互动，不管哪个孩子恐怕都会不乐意吧！如果孩子已经有了自我意识，有了自己的想法，可我们还是觉得他就是"无知"婴孩，用对待婴儿的方式来对待他，这对孩子的成长也是无益的。不仅如此，久而久之他会因此判断我们其实是没有能力管教他的，这无疑会让我们的威严扫地。

而如果我们也能跟着孩子一起成长的话，那教育的效果就大不相同了，我们可以更敏锐地发现孩子需要什么，也能用孩子当下更需要的指导来引导他成长，对于他遇到的问题也能用更贴合实际的意见来帮助他，这才称得上是孩子所需要的最贴心的教育。更重要的是，这个成长过程也不仅仅对孩子有用，看看前面那位妈妈，在和孩子一起成长的过程中，她的收获是全方位的，这还不足以令我们信服吗？

有的妈妈也认为，自己在孩子降生前已经做足了功课，看了大量的书，也听了很多讲座，对于孩子的未来已经有了一定的预知，到什么时候就进行什么样的教育，一定没有问题。至于自己，已经是成年人了，一切也已经定性，改变不了多少了。

事实并非如此，所以不要让自己不当的认知障碍了我们前行的路。

不管是我们所看到的书，还是听到的讲座，都只是他人的经验。而我们的孩子注定是世界上的"独一份"，这也就意味着他将会有独属于他自己的特点，没准儿还会有独属于他的问题，他人的经验终归是适用于他人的，是不是适合我们自己的孩子还有待验证。也就是说，我们之前所做的那些准备工作，即便有效，也可能只是一小部分。因为我们此时还不了解自己的孩子到底是怎样的个性，也不知道在未来的成长过程中，他会因为环境的改变而有怎样的变化，所以我们固守之前所学是远远不够的。教育孩子的过程，虽有据可依，但也有更多的不可预见性会在孩子的成长过程中显现出来。

显而易见，我们必须要和孩子一起成长。

不过，最开始我们的成长可能是被动的，因为没有时间让我们去慢慢观察摸索，孩子降生之后，他的需求也就随之而来了，我们一边手忙脚乱，一边忙着去适应新的生活和新的角色，同时我们还要去观察孩子。

这个观察和适应的过程或长或短，因人而异，在这个过程中，我们需要有足够的耐心。我们可能会碰到钉子，孩子总是会出其不意地给我们出一些"难题"，我们最开始都是凭借自己的知识储备和经验来应对的，有时候是采取自己爸爸妈妈的经验，有时候则是照着书本上所说的去碰运气，更有的妈妈干脆就按照自己的想法去直接执行，当然还有的妈妈可能一时束手无策还会大哭一场。

也许这些能有效，也许不管哪种方法都无效，而越是到无效的时候，也就越是需要我们成长的时候。所以才说，我们的成长是伴随着孩子的成长的。

因为最开始的教育，都是我们强加给孩子的，都是我们想当然地去执行的，甚至有时候也会因为无计可施而濒临崩溃。我们以为自己在付出爱，可是孩子却没接收到，就好比是向瓶子里灌水，水龙头开得好大，可瓶子口却没有对准，水流得多，可瓶子依然空空如也。

这种种状况，逼迫我们不得不去成长，随着孩子一天天长大，我们的成长需求也会变得越来越迫切。不过令人欣慰的是，只要用心去成长，我们总会有收获。

和孩子在一起，了解他的性格，发现他的成长规律，发现他与众不同的成长轨迹，发掘他的亮点，找到他的缺点，这是我们和孩子一起成长过程中才会有的收获。而有了这些收获，我们就能从最初的被动成长变为主动成长，因为这时的我们对孩子渐渐开始了解，已经可以做到在他有需要的时候提前做好准备，当他遇到问题的时候知道用怎样的方式进行指导才最适合他，也能对他的需求作出他最需要的回应。最重要的是，我们将学会如何回应他想要的爱，而成长中的我们也将变得越发"善解他意"。

　　这个过程是孩子带来的，是属于我们的独一无二的成长经历。一定不要排斥这个经历，正是这样的经历才会让我们变得坚强，变得更像一位母亲，只有认真跟随孩子的脚步成长，我们才会离合格妈妈的身份越来越近。所以，好好接受这份来自孩子的礼物，做一个与时俱进的好妈妈，是天下最幸福的事。

　　祝福天下的孩子，祝福天下的妈妈！